HOSHIORI 星栞

2023年の星占い
牡牛座

石井ゆかり

# 牡牛座のあなたへ
# 2023年のテーマ・モチーフ
# 解説

........................................

## モチーフ：チョコレートパフェ

........................................

　2023年5月から、牡牛座が「主役」の時間帯となります。パフェは層状に美味しいものが積み重ねられているので、2023年を「進めば進むほど面白くなってくる」というイメージでチョコレートパフェを選んでみました。パフェはとにかく華やかですが、2023年という年も、あなたにとってとても華やかな時間になるはずです。特に、胸を熱く燃やせる「野心」が、人生の目標として高い位置に置かれます。パフェの天辺のデコレーションのように、高い場所に美しい目標を「掲げる」ことができる年です。

CONTENTS

# はじめに

　こんにちは、石井ゆかりです。

　2023年は星占い的に「大物が動く年」です。「大物」とは、動きがゆっくりで一つの星座に長期的に滞在する星のことです。もとい、私が「大物」と呼んでいるだけで、一般的ではないのかもしれません。2023年に動く「大物」は、土星と冥王星です。土星は2020年頃から水瓶座に位置していましたが、2023年3月に魚座に移動します。冥王星は2008年から山羊座に滞在していましたが、同じく2023年3月、水瓶座に足を踏み入れるのです。このように、長期間一つの星座に滞在する星々は、「時代」を描き出します。2020年は世界が「コロナ禍」に陥った劇的な年でしたし、2008年はリーマン・ショックで世界が震撼した年でした。どちらも「それ以前・それ以後」を分けるような重要な出来事が起こった「節目」として記憶されています。

　こう書くと、2023年も何かびっくりするような出来事が起こるのでは？と思いたくなります。ただ、既にウクライナの戦争の他、世界各地での民主主義の危機、

世界的な環境変動など、「時代」が変わりつつあること
を意識せざるを得ない事態が起こりつつあります。私
たちは様々な「火種」が爆発寸前の世界で生きている、
と感じざるを得ません。これから起こることは、「誰も
予期しない、びっくりするようなこと」ではなく、既
に私たちのまわりに起こっていることの延長線上で「予
期できること」なのではないでしょうか。

　2023年、幸福の星・木星は牡羊座から牡牛座を運行
します。牡羊座は「はじまり」の星座で、この星座を
支配する火星が2022年の後半からコミュニケーション
の星座・双子座にあります。時代の境目に足を踏み入
れる私たちにとって、この配置は希望の光のように感
じられます。私たちの意志で新しい道を選択すること、
自由のために暴力ではなく議論によって闘うこと、な
どを示唆しているように読めるからです。時代は「受
け止める」だけのものではありません。私たちの意志
や自己主張、対話、選択によって、「作る」べきもので
もあるのだと思います。

《注釈》

◆ 12星座占いの星座の区分け（「3/21〜4/20」など）は、生まれた年によって、境目が異なります。正確な境目が知りたい方は、P.124〜125の「太陽星座早見表」をご覧下さい。または、下記の各モバイルコンテンツで計算することができます。
インターネットで無料で調べることのできるサイトもたくさんありますので、「太陽星座」などのキーワードで検索してみて下さい。

モバイルサイト【石井ゆかりの星読み】（一部有料）
https://star.cocoloni.jp/（スマートフォンのみ）

◆ 本文中に出てくる、星座の分類は下記の通りです。

火の星座：牡羊座・獅子座・射手座　　　地の星座：牡牛座・乙女座・山羊座
風の星座：双子座・天秤座・水瓶座　　　水の星座：蟹座・蠍座・魚座
活動宮：牡羊座・蟹座・天秤座・山羊座
不動宮：牡牛座・獅子座・蠍座・水瓶座
柔軟宮：双子座・乙女座・射手座・魚座

《参考資料》

・『Solar Fire Gold Ver.9』（ソフトウェア）/ Esoteric Technologies Pty Ltd.
・『増補版　21世紀　占星天文暦』/ 魔女の家BOOKS　ニール・F・マイケルセン
・『アメリカ占星学教科書　第一巻』/ 魔女の家BOOKS　M.D.マーチ、J.マクエバーズ
・国立天文台 暦計算室Webサイト

HOSHIORI

# 牡牛座 2023年の星模様

## 年間占い

## ❄ 「おわりとはじまり」の年

　2023年は牡牛座の人々にとって、「おわりとはじまりの年」です。こう書かれると、ちょっと怖い気持ちになるでしょうか。大切なものがある人、「この日々がずっと続いていくといいな！」と願っている人にとって、「おわり」は非常に恐ろしい言葉だと思います。でも、2023年に「おわる」のは、幸福や愛ではありません。あなたが守りたいものはおそらく、これまでよりも安定的な形で継続していきます。

　では、何が終わり、何が始まるのでしょうか。終わるのは、「これまで時間をかけて取り組んできた、建設作業」です。2020年頃からなにかしら「時間をかけなければできあがらないもの」を作り続けてきた人が多いはずなのです。この建設作業には、孤独感や緊張感、重い責任など、様々なプレッシャーが詰まっていて、途中で非常に辛い思いをしたり、ストレスを抱えて苦しんだりしたこともあっただろうと思います。その長い建設作業が2023年3月頭、やっと「完了」するのです。

　ここで完成するものは、今後長く使っていける丈夫

なお城です。具体的には、たとえば社会的立場や自分の役割、職業や職業観、周囲の人々との社会的人間関係、ポジション、キャリア設計、日々の仕事の形、肩書き、コツコツ追い求めていける人生の目標、ライフワーク、生き方などがそれにあたります。2020年頃から「自分はこの人生において、何を目指していくべきなのか？」という問いを抱いていた人は、2023年の3月頭までに「この方向性で、この場所で、自分の力を開花させていこう」という思いが固まるはずなのです。

## �「はじまる」のは何か

　では、「はじまる」ものは何でしょうか。牡牛座の2023年は、どんなことが始まってもおかしくない年です。たとえば2020年頃に引き受けた仕事を苦心して安定させ、みんなに認めさせたところで、2023年には周囲からの信頼を土台に、一気に新しい仕事に着手する！といった展開も考えられます。2020年から作ってきたお城が完成したところで、2023年「では、まずお祝いのパーティーをしましょう！」という気持ちになる人もいるでしょう。アラブのお伽噺には「宴会は、30日

と30夜続きました」というフレーズがよく出てきますが、もしかするとそんな大宴会のようなイベントを、主催する人もいるかもしれません。

2020年からあなたが目指してきたのは、「確かな土台を築く」ようなことでした。ずっと担っていけるポジション、継続的に続けられる仕事、これなら大丈夫だと思える何か。そうしたものを一人で模索し、探し当て、育ててきたのではないかと思うのです。

2023年は一転して、その「確かさ」の上に、荒ぶる野心、激しい衝動、フレッシュな情熱などを乗せ、燃やし始める年です。2020年から作った大きな、丈夫なかまどの中に、2023年は燃料を入れ、最初の火をつけるのです。この炎は鉄を溶かすほど熱く、強い風にも消されず、おそらく2043年頃まで燃え続けます。この間、あなたは社会的に、あるいは自分の人生全体に、強く熱い要求を突きつけ続けるのです。

## ❄ 前半に置かれた、二つの節目

牡牛座の2023年は前半に、重要なターニングポイン

トが二つ、置かれています。

　一つ目は3月7日です。2020年に始まったキャリアや人生の目標、社会的立場に関する長く孤独な「山登り」的プロセスがここで完了します。厄介な仕事や重圧から解放され、重荷を下ろすような解放感を味わう人もいるでしょう。「もうひとりぼっちではない」という安堵感に包まれる人もいるはずです。

　二つ目は5月17日です。約12年に一度巡ってくる幸運の星・木星が、ここから2024年5月まで、あなたの星座に滞在するのです。木星が巡ってくる期間を、私は「耕耘期（こううんき）」と呼び習わしています。木星が来る時間帯は、その人の可能性の畑が徹底的に耕され、そこから12年かけて育てていける幸福の種が蒔かれるからです。前述の「はじまり」の一つが、この木星の動きに示されています。厄介なことが終わり、フレッシュなことがスタートする春、翼が生えたような自由と意欲に包まれる人が少なくないだろうと思います。

## ❋ 2022年5月から2023年5月の「孤独」と「救い」

　2022年5月半ば以降、不思議と「一人で過ごす」時

間が多かったかもしれません。この状態は2023年5月半ばまで続きます。この時期の「孤独」は、前述の「一人で建設を続ける孤独感」とは、少し違います。2020年からの孤独は、言わば「王者の孤独」「リーダーの孤独」でした。一人で責任を引き受けたがゆえの孤独感です。一方、2022年5月半ばからの「孤独」は、「隠棲・隠遁」のようなイメージ、あるいは芸術家が一人、アトリエやスタジオに閉じこもり、自分自身の創造性と格闘するようなイメージの「孤独」です。この「孤独」には、王者の孤独とは違い、自由や豊饒さが満ちています。他人にあれこれ言われないからこそ追求できるものがあり、他者から距離を取るからこそ流されないでいられるのです。

　さらに2022年5月半ばからの時間において、過去を振り返り、かつての失敗をリカバリしたり、後悔の種を「昇華」できた人もいるかもしれません。この作業も、第三者の目には触れにくいところで展開していたはずで、「自分」とじっくり語り合ったり、「自分」をより深く理解したりする機会となっただろうと思います。このプロセスもまた、2023年5月半ばまで続いて

いきます。

　さらに、2023年5月からの約1年は「救い」の時間でもあります。誰かに救われる人、誰かを救う人もいるでしょう。前述の「一人の時間」を通して、心の傷が癒え、救われていくという人もいるかもしれません。

## ❄ 夏から秋口、「家」が輝く

　6月から10月上旬にかけて、「居場所」がとてもあたたかく、美しくなります。身近な人との関係にはゆたかな愛が満ちますし、来客が多くなったり、家の中での楽しみが増えたりするかもしれません。人生の一大ターニングポイントにさしかかっているあなたを、周囲の人が深く理解し、支えてくれます。身近な人の愛情を受け取りやすい時ですし、あなた自身も、周りの人々に愛を表現しやすいはずです。

　家の中が物理的に「美しくなる」時期でもあります。家具や家電を刷新したり、インテリアに凝ったり、庭造りを始めたりする人もいるかもしれません。居場所の風景は、心を映し出す鏡です。あなたの心が求める豊かさや美しさのイメージが、この時期ありありと、あ

なたを取り巻く住環境に映し出されるようです。

## ❄ 二つの「自由」の星

　5月半ば以降、あなたの星座には木星と天王星の二星が滞在することになります。この二つの星は、それぞれ「自由」というテーマを担っています。「自由」には様々な意味があります。人生を賭けて自由を追い求める人もいれば、自由から常に逃げるように生きていく人もいます。「何でも自由に選んでいいよ！」と言われた時、喜び勇んで選ぼうとする人がいる一方で、「どれを選ぶのが正解かわからない、自分で選ぶより、誰かに選んでもらったほうが安心する」という人も、決して少なくありません。実際、「自由に選ぶ」のは、手間がかかりますし、勇気も要るのです。

　2023年は特に半ば以降、「自由に決めなければならないこと」がたくさんある年です。あなたの望み通り、希望通りに、自由に選択し、決断し、行動しなければならないのです。何も選ばない、決めない、というのもまた、一つの選択です。大事なのは、それが自分自身の思いと意志の上にある、ということです。自由で

あるということは、誰のせいにもできないということなのです。ただし、これは「全てが自分のせい」と自罰的・自責的にならねばならない、ということではないだろうと私は考えています。人間はどうしても「誰が悪いのか・何が悪かったのか」と、その責任をどこかに帰したくなるのですが、本当にそれは正しいのでしょうか。自分も含めて「誰を責める必要もない」ことが、世の中にはもっとたくさん認められていいのでは、と私は考えています。「自由」を心の翼として使える年が、牡牛座の2023年なのだと思います。

## 仕事・目標への挑戦／知的活動

2020年頃からキャリアに関して、強いプレッシャーや孤独感に晒されてきた人が少なくないはずです。特に、2021年に大チャンスを掴んだ人、社会的立場が重みを増した人は、そのポジションの重みに耐えるために、かなりの努力を強いられたのではないでしょうか。そのプレッシャーの時間が、2023年3月頭に「完了」します。立場の重みになんとか応えようと苦しんできた人も、2023年頭には、その重みを支えるだけの力が

身についたことを実感できるでしょう。2020年頃には重くて仕方がなかった荷物を、今は軽々と運べていることに気づかされる場面があるはずです。2020年からここに至るまでにあなたが築いた「地位」は、今後長くあなたの活躍のための、丈夫な土台となります。

　さらに2023年は、キャリアにおける重要なイベントが起こる年です。それは「野心の点火」です。ここから2043年頃にまたがって、あなたは非常に大きな野心を抱き、精力的にチャレンジを重ねていくことになるようなのです。とはいえ、これだけの長丁場のストーリーの「入り口」ですから、2023年の段階ではまだその全容は掴めないだろうと思います。わずかに象徴的な出来事が起こったり、後になってみて「思えばアレがきっかけだった」と思えるようなイベントが発生したりするに留まるかもしれません。それでも、2023年は重要な「野心の入り口」です。

　木星が巡ってくる2023年5月半ばから2024年5月は、人生の一大ターニングポイントであり、約12年の社会的サイクルのスタートラインです。ゆえに、ここで新しい仕事を始めたり、新たな目標を追いかけ始めたり

する人も多いはずです。

　特に忙しくなりそうな時期は、8月末から10月前半です。勉強が捗りそうなのは、3月末から6月半ばです。この間、盛大に「過去に学んだことの復習・再履修」に取り組む人もいるかもしれません。

### ｛ 人間関係 ｝

　「少数精鋭」を意識したい年です。友達や仲間は、多ければ多いほどいい、というわけでもありません。むしろ、本当に信頼できる相手が一人か二人いる、ということのほうが、ずっと心強い場合もあります。時間をかけてじっくり向き合える相手、弱さを見せ合える相手に恵まれるのがこの年です。

　「華やかな人間関係」「ゆたかな人脈」を求めてしまうと、この年は少々窮屈になるかもしれません。疑心暗鬼に陥ったり、不安が強まったりする可能性もあります。普段たくさんの仲間に囲まれている人も、この年は「少し寂しい」状態になるかもしれません。でも、それは決して悪いことではありません。むしろ「本当に信じられる友人」との関係は、深く強くなるはずだ

からです。

　一方、家族や身内との関係は、素晴らしくあたたか
なものになります。「愛し愛される関係」を家の中に、
ゆたかに育める年です。

## ｛ お金・経済活動 ｝

　2022年8月下旬から2023年3月にかけて、熱い経済
活動の時間となっています。既に精力的にガンガン稼
いできた人、不動産や車など大きな買い物に挑んだ人、
お金や物に関してなんらかのリスクを取ってチャレン
ジした人が少なくないはずです。「初めて保険に入る」
「初めて投資をする」など、経済活動における「初体
験」をした人もいたかもしれません。お金や物質に関
する選択は、常になんらかの意味で「賭け」の要素を
伴いますが、この時期は特に「大勝負」に挑んだ人が
多かったはずなのです。

　2023年に入ってからも、何かを手に入れることに情
熱を燃やすことになりそうです。この時期の経済的な
勝負は、かなり有利に展開する傾向がありますし、勝
利を収め、素晴らしい戦果を勝ち取れる可能性が高く

なっています。とはいえ、勝負には必ず「負け」もあります。大事なのは「絶対に負けない」ことではなく、「負けてもそれほど大きな傷にしない」ことです。いわゆる「サンクコスト」にこだわり、「既にこれだけつぎ込んだのだから、もう後に引けない」という気持ちになってしまうと、とても危険です。何事においても「柔軟な方向転換」が苦手な牡牛座の人々ですが、このタイミングでは特に自分の中に「柔軟に動く余裕・勇気」を残しておくことが、勝負のコツです。

## { 健康・生活 }

　基本的には、生活は楽しくなり、体調は上向きになる年です。ただし、変化に富む盛りだくさんな年のため、変化からのストレス、自己過信からの過労、過活動などの危険が考えられます。また、特に年明けから3月までは、暴飲暴食に気をつけて。6月から10月は生活全体がとても楽しく、心地良くなりそうです。

## ◉ 2023年の流星群 ◉

「流れ星」は、星占い的にはあまり重視されません。古来、流星は「天候の一部」と考えられたからです。とはいえ流れ星を見ると、何かドキドキしますね。私は、流れ星は「星のお守り」のようなものだと感じています。2023年、見やすそうな流星群をご紹介します。

### 4月22・23日頃／4月こと座流星群
例年、流星の数はそれほど多くはありませんが、2023年は月明かりがなく、好条件です。

### 8月13日頃／ペルセウス座流星群
7月半ばから8月下旬まで楽しめます。三大流星群の一つで、条件がよければ1時間あたり数十個見られることも。8月13日頃の極大期は月明かりがなく、土星や木星が昇る姿も楽しめます。

### 10月21日頃／オリオン座流星群
真夜中過ぎ、月が沈みます。土星、木星の競演も。

### 12月14日頃／ふたご座流星群
三大流星群の一つで、多ければ1時間あたり100個程度もの流れ星が見られます。2023年の極大期は月明かりがなく、こちらも好条件です。

HOSHIORI

# 牡牛座 2023年の愛

## 年間恋愛占い

## 💛 人生を変えるような愛

　牡牛座の2023年、特に5月以降は「何が始まっても
おかしくない」時間です。人生の偉大なスタートライ
ンであり、ターニングポイントです。ゆえに、「人生を
変えるような出会い」「運命的な愛」などが巡ってきて
も全くおかしくありません。実際、パートナーを探し
てきた人にとって、2023年はめでたく願いが叶う可能
性が、とても高いタイミングと言えます。

## 💛「助け合い」の大切なステップ

　2023年の牡牛座の愛には、「助け合い」「ケア」とい
うテーマがとても重要になります。とはいえ愛の世界
での「助け合い」は、ギブアンドテイクのように「す
ぐに精算し合える」ものではありません。ある時期は
一方がもう一方に完全にお世話になり、別の時期には
片方がもう一人を全力で支える、というふうに、短期
的に見ればかなり不公平な状況が生まれがちなのです。
「常に、お互いが相手に注ぐパワーが同じ量」というわ
けにはいかないのです。人間は、徹底的に助けを必要

とする時もあれば、誰かを助けるパワーに満ちている時もあるからです。ゆえに、2023年の愛の関係は、どちらかと言えばあなたが相手を一方的に助ける状況になるのかもしれませんし、あるいは逆に、相手があなたを徹底的に助けてくれるのかもしれません。たとえばもし、過去のあなたが相手に徹底的に助けられたことがあって、今年は一転してあなたが相手を助ける側に回るのだとすれば、あなたはきっと、ほっとするかもしれません。「やっと『助け合い』が実現する！」という安堵感が胸に湧いてくるかもしれません。

### ｛ パートナーを探している人・結婚を望んでいる人 ｝

「人生」「生活」といった大きな現実的視野に立ってパートナーを探せば、きっと相手に出会える年です。2023年から2024年前半を「人生の出発点」と位置づけ、本気で相手を探してみたい時です。経済的な価値観を共有できる相手、築きたい家庭のイメージが重なる相手に興味が向かうでしょう。表面的な美しさや格好良さ、他人の目にどう映るかといったことは、この時期のあなたはいつも以上に「気にならない」だろう

と思います。もともと美の星座であり、自称「面食い」が多い牡牛座の人々なのですが、現実に選択するパートナーには、表面的なうるわしさではない「確かさ」を求めることが多いようです。信じられる確かさ、寄りかかれるような人間的頑丈さ、一貫性といったものが、牡牛座の「理想の相手」には備わっているのです。2023年は特にその傾向が強くなるはずです。

## ｛ パートナーシップについて ｝

　外に出歩くよりも、家の中で過ごすことが楽しく感じられるかもしれません。一緒に料理をしたり、散歩したりと、ベタな日常の中にキラキラした愛が育ちます。5月半ば以降はあなたが人生の大きな転機に立つため、パートナーにもその状況を理解してもらう必要が出てくるでしょう。あなた自身の変化は、必ずパートナーにも影響を及ぼします。自分の人生の変化を「相手にも関係があること」として捉える姿勢が大切です。

## ｛ 片思い中の人・愛の悩みを抱えている人 ｝

　片思い中の人は、膠着状態を打開しようという強い

意志が湧いてくるかもしれません。2023年はなんといっても「スタート！」の年なので、過去の自分と同じ自分で居続けることができにくいのです。結果が出ないなら、状況を変えよう、という能動的意識が生まれます。また、人生に対して新しい欲が湧いてくる年でもあります。「もっと別の方向性があるのではないか？」という疑念が生まれ、「ならば、行動を起こそう」という方向に意識が向かうのです。「現状を変える」ことを何よりも忌避する人も多い牡牛座の人々ですが、2023年5月以降は変化への拒否感が限りなく薄くなり、いつもとは違った選択ができる時間です。

　愛の悩みを抱えている人は、こちらも「新しいスタート」を念頭に置き、現状を変える勇気を持てる時間となっています。かつてとは全く別の発想で問題解決に取り組めるかもしれません。年明けから5月半ばまでは、「慢性的な問題の根本解決」が叶う時です。そして5月半ば以降は「人生を変える」時間となっています。たとえば古いしがらみのような愛を振りきって、新しい愛を探しに出かける、といった切り替えに向く年

なのです。また、1年を通して身近な人々のバックアップも期待できます。家族や幼なじみ、近所の人などが、あなたの抱えている愛の問題に「一肌脱いで」くれるかもしれません。

## 〔 家族・子育てについて 〕

　6月から10月上旬にかけて、家族や子育てに素晴らしい愛の光が降り注ぎます。家の中はよりあたたかく、より居心地の良い場所へと変貌していくでしょう。家族と過ごす時間がとても楽しくなります。「こうすればもっと優しく、楽しく、気楽に過ごせるんだ！」というような発見が重なります。あなた自身が一人の人間としての自由を拡大することで、家族にもゆとりが生まれ、愛のやりとりが活性化するのかもしれません。

## 〔 2023年　愛のターニングポイント 〕

　3月半ばから4月上旬、7月中旬から8月、10月中旬から12月に、愛の強い追い風が吹きそうです。また、5月頭と10月末は「縁が結ばれる」タイミングです。

HOSHIORI

# 牡牛座 2023年の薬箱

## もしも悩みを抱えたら

## ✺ 2023年の薬箱 ～もしも悩みを抱えたら～

　誰でも日々の生活の中で、迷いや悩みを抱くことがあります。2023年のあなたがもし、悩みに出会ったなら、その悩みの方向性や出口がどのあたりにあるのか、そのヒントをいくつか、考えてみたいと思います。

### ◇交友関係のありかたが変わる

　仲間や友達との距離が広がり、孤独感が強まるかもしれません。これまでなにかとワイワイやっていたのに、なぜか集まる機会が減ったり、関わる口実がなくなったりと、寂しさや孤立感に包まれる可能性があります。「たくさんの友達、広い人脈」よりも、少数精鋭の「親友」が頼りになる時です。2026年頃まではこうした状況が続くかもしれませんが、心配は要りません。相手の気持ちをあれこれ想像して気に病むのも、時間の無駄です。一方、友達や仲間の「扱い方」が雑だったり、相手を大切に思う気持ちを態度で示してこなかったという反省がある人は、一人一人と丁寧に関わろうとすることで、不安や孤独感が軽くなるでしょう。真

に信頼できる相手、わかり合える相手、時間をかけて
関わる価値があると思える相手だけを見つめて。

◆経済的な焦りの解消

　2022年8月頃から経済的に大奮闘を重ねてきている
人が多いはずです。3月頃までその「模索」が続くか
もしれません。3月を過ぎると、長期的な安定のレー
ルに乗れるでしょう。お金や物質的な条件について苛
立ったり、焦ったりする場面も多いかもしれませんが、
それも3月までのことです。粘り強く。

◆野心のスタートライン

　キャリアについて「このままではいけない」という
焦りや苛立ちがつのるかもしれません。ここから2043
年にかけて、新たな社会的立場を築き上げる時間に入
ります。ゆえに、今が「ゼロ」のように思えても、全
く焦る必要はありません。チャレンジを。

# 2023年のプチ占い（牡羊座〜乙女座）

### 牡羊座（3/21-4/20生まれ）

年の前半は「約12年に一度のターニングポイント」のまっただ中。新しい世界に飛び込んでいく人、大チャレンジをする人も。6月から10月上旬は「愛の時間」に突入する。フレッシュで楽しい年に。

### 牡牛座（4/21-5/21生まれ）

仕事や社会的立場にまつわる重圧から解放された後、「約12年に一度のターニングポイント」に入る。何でもありの、自由な1年になりそう。家族愛に恵まれる。「居場所」が美しくゆたかになる年。

### 双子座（5/22-6/22生まれ）

2022年8月からの「勝負」は3月まで続く。未来へのチケットを手に入れるための熱い闘い。仲間に恵まれる。さらに2026年にかけて社会的に「高い山に登る」プロセスに入る。千里の道も一歩から。

### 蟹座（6/23-7/23生まれ）

5月までは「大活躍の時間」が続く。社会的立場が大きく変わる人、「ブレイク」を果たす人も。年の後半は交友関係が膨らみ、行動範囲が広がる。未来への新たなビジョン。経済的に嬉しい追い風が吹く。

### 獅子座（7/24-8/23生まれ）

年の前半は「冒険と学びの時間」の中にある。未知の世界に旅する人、集中的に学ぶ人も。6月から10月上旬まで「キラキラの愛と楽しみの時間」へ。嬉しいことがたくさん起こりそう。人に恵まれる。

### 乙女座（8/24-9/23生まれ）

年の前半は「大切な人のために勝負する」時間となる。挑戦の後、素晴らしい戦利品を手にできる。年の後半は未知の世界に飛び出していくことになりそう。旅行、長期の移動、新しい学びの季節へ。

（※天秤座〜魚座はP96）

HOSHIORI

# 牡牛座 2023年 毎月の星模様

## 月間占い

## ◆星座と天体の記号

　「毎月の星模様」では、簡単なホロスコープの図を掲載しています
が、各種の記号の意味は、以下の通りです。基本的に西洋占星術で用いる
一般的な記号をそのまま用いていますが、新月と満月は、本書オリジナル
の表記です（一般的な表記では、月は白い三日月で示し、新月や満月を特別
な記号で示すことはありません）。

| | | |
|---|---|---|
| ♈：牡羊座 | ♉：牡牛座 | ♊：双子座 |
| ♋：蟹座 | ♌：獅子座 | ♍：乙女座 |
| ♎：天秤座 | ♏：蠍座 | ♐：射手座 |
| ♑：山羊座 | ♒：水瓶座 | ♓：魚座 |
| ⊙：太陽 | ●：新月 | ○：満月 |
| ☿：水星 | ♀：金星 | ♂：火星 |
| ♃：木星 | ♄：土星 | ♅：天王星 |
| ♆：海王星 | ♇：冥王星 | |
| ℞：逆行 | Ð：順行 | |

◆ 月間占いのマーク

　また、「毎月の星模様」には、6種類のマークを添えてあります。マークの個数は「強度・ハデさ・動きの振り幅の大きさ」などのイメージを表現しています。マークの示す意味合いは、以下の通りです。

　マークが少ないと「運が悪い」ということではありません。言わば「追い風の風速計」のようなイメージで捉えて頂ければと思います。

★彡　　特別なこと、大事なこと、全般的なこと

✊　　情熱、エネルギー、闘い、挑戦にまつわること

🏠　　家族、居場所、身近な人との関係にまつわること

¥　　経済的なこと、物質的なこと、ビジネスにおける利益

✏　　仕事、勉強、日々のタスク、忙しさなど

♥　　恋愛、好きなこと、楽しいこと、趣味など

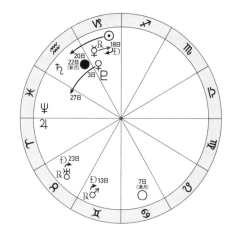

◆**伸びしろの大きい、楽しい活躍期。**

活き活きとまっすぐに頑張れる、気分の良い活躍期です。気軽に掴んだ小さなチャンスが、そのまま長期的に大きく育っていく気配があります。人からほめられたり、評価されたりする場面も多いでしょう。ちょっとしたほめ言葉が次の大きなミッションに繋がっていく、といった展開も。

◆**「理解される」喜び。**

7日前後、とても嬉しいことが起こりそうです。周囲から反対されつつも取り組んでいる活動がある人は、ここで素晴らしい賛同者に恵まれるかもしれません。「理解される」時です。

◆「流れ」の回復。　　　　　　　　　　　　　¥ ¥ ¥

10月末からお金に関して停滞や混乱があった人は、13日を境に状況が好転しそうです。去年の夏頃から経済活動のフィールドを精力的に開拓してきた人も、今月半ばから再び、ガンガン攻めの姿勢で挑めるでしょう。さらに、年末からコミュニケーションや発信活動、知的活動などにおいて「一時停止」の状態に置かれていた人も、18日以降、流れが回復しそうです。じっくり時間をかけて考えてきたことがあれば、月の後半、答えを出せるでしょう。

♥時間をかけて、愛について考える。　　　　　　　　　♥

去年の年末から、愛について深く考えなければならないこと、挑戦すべき課題を抱えている人が多いかもしれません。愛の世界でなんらかの精神的ハードルを越えていける時です。月の前半から半ばに、先を急がず落ち着いて考え、後半は結論を出してアクションを起こす、という展開も。愛を探している人は、遠くにいる懐かしい人との縁が繋がる気配が。

》》 1月 全体の星模様 《

年末から逆行中の水星が、18日に順行に戻ります。月の上旬から半ば過ぎまでは、物事の展開がスローペースになりそうです。一方、10月末から双子座で逆行していた火星は、13日に順行に転じます。この間モタモタと混乱していた「勝負」は、13日を境に前進し始めるでしょう。この「勝負」は去年8月末からのプロセスですが、3月に向けて一気にラストスパートに入ります。

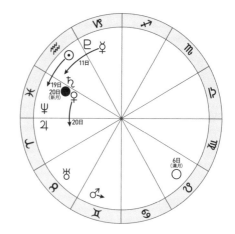

## ◆絶好調の、楽しい季節。　　　★彡★★彡

人に恵まれる、賑やかな時期です。「愉快な仲間たち」とともに
活動できます。交友関係が広がり、新しい関わりから刺激を受け
て、精神的に急成長を遂げる人も多そうです。目指している
夢がある人は、一気に夢に近づけます。特に上旬から中旬にか
けて、何事も絶好調に展開するはずです。

## ◆深く掘り下げて知る。　　　

月の上旬は「掘り下げる」ことが必要になりそうです。たとえ
ば、既に知っていることをより深く調べたり、たくさんの情報
やデータを用意したりすることになるかもしれません。人との
対話も、表面的なものに留まらないようです。

◆「教える立場」に立つ。

中旬以降、爽やかな活躍期です。普段一人でコツコツ頑張っている人ほど、あちこちからお呼びがかかったり、意見を求められたりするかもしれません。「専門家としてアドバイスする」「教える立場に立つ」ような展開になりやすい時です。経験の上に立った言葉が説得力を持ちます。成功譚より失敗した話のほうが「学べる」と喜ばれるかもしれません。

♥「広い場所」で愛を見つける。 ♥ ♥

愛を探している人は、交友関係の中から愛が芽生えそうです。既にいる友達が恋人になる可能性もありますし、友達からの紹介での出会い、サークルやイベントなど広い交流の場での出会いも有望です。行動範囲を広げ、関わる相手の数を増やすことがポイントです。カップルはとても楽しく過ごせるでしょう。友達と合同でデートしたり、二人で一緒に外部の活動に参加したりすることで、信頼関係が育ちます。

≫≫ 2月 全体の星模様 ≪

金星が魚座、水星が水瓶座を運行します。両方とも「機嫌のいい」配置で、愛やコミュニケーションがストレートに進展しそうです。6日の獅子座の満月は天王星とスクエア、破壊力抜群です。変わりそうもないものが一気に変わる時です。20日は魚座で新月が起こり、同日金星が牡羊座に移動、木星と同座します。2023年前半のメインテーマに、明るいスイッチが入ります。

# 3

## MARCH

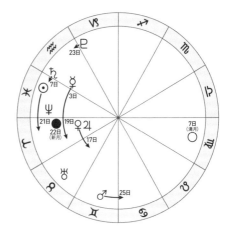

**◆孤独感にかわって、湧き上がる野心。**

2020年頃から「ひとりぼっちで頑張っている」状態が続いていたかもしれません。強いプレッシャーやストレスに耐えながら、重責を引き受けてきた人もいるでしょう。そうした孤独感、重圧感から、今月を境に解放されそうです。かわって、熱い野心が胸にひたひたと、静かに湧き上がりそうです。

**◆交友関係における「責任者」的役回り。**

友達から相談を持ちかけられたり、仲間内のゴタゴタを仲裁したりと、身近な人のために尽力する場面がありそうです。感情のもつれからの混乱が起こった時、あなたの落ち着いた、安定的な態度に助けを求めたくなるようなのです。仲裁役や調整役

を引き受けるところから、仲間の中でリーダー的な立場に立つことになるかもしれません。「責任者」になる人も。

## ◈「支配星」の帰還。 ★彡★彡★彡

17日以降、愛の星であり、牡牛座の支配星でもある金星があなたのもとに帰還します。原点回帰、のびのびと活躍できる、とても楽しい時間となるでしょう。魅力が輝きます。

## ♥後半以降、キラキラの愛の季節。 ♥ ♥

7日前後、「愛が満ちる・実る」ような出来事が起こりそうです。特に、あなたが密かに抱いてきた願望が、愛の関係を通してパッと叶えられるかもしれません。愛する人があなたの生き方を深く理解し、後押ししてくれます。自立した自由な関係を欲している人ほど、ここで愛を見つけやすいかもしれません。17日以降、前述の通り愛の星・金星が巡ってきます。これ以降、素晴らしい愛の季節となります。フリーの人もカップルも、喜びの詰まった時間となるでしょう。

## ≫≫ 3月 全体の星模様 ≪

今年の中で最も重要な転換点です。土星が水瓶座から魚座へ、冥王星が山羊座から水瓶座へと移動します。冥王星は6月に一旦山羊座に戻りますが、今月が「終わりの始まり」です。多くの人が長期的なテーマの転換を経験するでしょう。去年8月下旬から双子座に滞在していた火星も冥王星の翌々日25日に蟹座に抜けます。この月末は、熱い時代の節目となりそうです。

MONTHLY
HOROSCOPE

# 4

APRIL

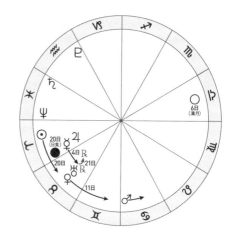

◆**受発信、フットワーク。** 🖋 🖋

賑やかな時間帯です。発言力が増し、意見を求められたり、相談を持ちかけられたりする場面が増えるでしょう。自分からも、なにかと「人に質問を投げかける」ことをしたくなるかもしれません。話しかけるところから、何かが始まります。フットワークよく外に出て、行動範囲を広げたい時です。

◆**経済的な「安定」への道。** 💴 💴 💴

経済活動において、今やるべきことがありそうです。去年の8月下旬から稼ぐことや欲しいものを手に入れることに精力的に取り組んできた人が多いはずですが、その「戦果」を精査し、価値を確かめ、味わうことができる時なのです。これまでに切り

開いた収入の途を安定軌道に乗せるため、いろいろな手当てを
する人もいるでしょう。お金についての緊張感が消え、幸福感
や安定感が出てくる、ハッピーな時間です。


◎ **下旬以降の「ゆっくり過ごす」時間。**
月の下旬から5月半ばまで、少しペースダウンしたい時間帯と
なっています。焦らずゆっくり、時間をたっぷり使って。


♥ **自分自身との対話。** ♥ ♥
11日までキラキラの愛の季節が続き、楽しい時間を過ごせるで
しょう。中旬から下旬は、愛について自分自身と深く対話でき
そうです。自分の気持ちを確かめたり、行動を振り返ったりす
ることで、愛について今後どう行動すべきか、新しい指針が見
えてきます。愛を探している人は、外出の機会を増やすといい
かもしれません。外に出た時「少し足を延ばす」とか、ちょっ
としたことで知人に連絡を取るなど、小さなアクションが大き
な愛への入り口となる気配があります。


≫≫ 《 **4月 全体の星模様** 》

昨年8月下旬から火星が位置した双子座に11日、金星が入ります。
さらに水星は21日からの逆行に向けて減速しており、「去年後半
から3月までガンガン勝負していたテーマに、ふんわりとおだや
かな時間がやってくる」ことになりそうです。半年以上の激闘を
労うような、優しい時間です。20日、木星が位置する牡羊座で日
食が起こります。特別なスタートラインです。

MONTHLY
HOROSCOPE

# 5

MAY

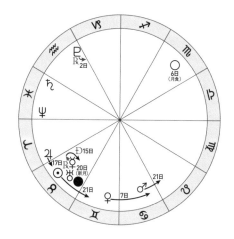

◆**約12年に一度の、大転機へ。** ★彡★彡★彡

17日から2024年5月までの約1年、人生の一大ターニングポイントの時間帯です。人生でそう何度も起きないような大きなイベントが起こり、転機が訪れるでしょう。この「転機」は約12年に一度巡ってきますが、今回は特に突発的で意外な、新鮮な転機が目白押しです。自由への扉が開かれます。

◆**月の前半は、焦らずゆっくり。**

4月下旬から混乱や停滞を感じている人も少なくないでしょう。前に進みたくても進めない、という状態かもしれませんが、遅くとも15日までにはトンネルを抜け出せます。月の前半は、立ち止まって過去を振り返ったり、ひと休みしたりするのにぴっ

たりの時期です。焦らずじっくり構えて。

◆楽観や前向きな態度が、信頼を育てる。　　　♥ ♥

3月末からの「フットワーク勝負」の時間が21日まで続きます。コミュニケーションも熱く盛り上がり、動きの多い時間です。とはいえ月の前半は前述の「混乱」もあって、ガンガン動きたいのに歯車が噛み合わないかもしれません。多少ちぐはぐでも「やりとりを続けよう」という前向きな姿勢を示すことで、信頼関係が育ちます。多少の混乱があっても「楽しい！」と感じられることが多いはずです。ポジティブに。

♥優しい言葉で、愛を奏でる。　　　

6日前後、「愛のミラクル」が起こるかもしれません。突発的に関係が進展したり、出会いが訪れたりする気配があります。5月全体を通して、ゆっくりと恋心が育まれる時です。何気ない雑談を交わしていたら、いつのまにかとても近い関係になった、といった展開も考えられます。優しい言葉を大切に。

》》 5月 全体の星模様 《

3月に次いで、節目感の強い月です。まず6日、蠍座で月食が起こります。天王星と180度、この日の前後にかなりインパクトの強い変化が起こるかもしれません。15日に逆行中の水星が順行へ、17日に木星が牡羊座から牡牛座に移動します。これも非常に強い「節目」の動きです。約1年の流れがパッと変わります。21日、火星と太陽が星座を移動し、全体にスピード感が増します。

MONTHLY
HOROSCOPE

# 6

JUNE

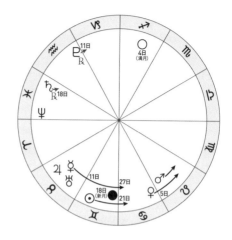

**◈ロングスパンを見据えて進む。**　★彡★彡★彡

重要な件が目白押しです。先月から「一大ターニングポイント」
に入っていますが、この時期は周囲の人々を大きく巻き込むよ
うな形で、大事なことが新たにどんどん決まっていきそうです。
この時期の選択は、あなた自身の「生き方」を選ぶことに直結
しています。深く考えながら歩を進めたい時です。

**◈変える時は、徹底的に変える。**　🏠🏠🏠

あなた自身の人生の新たな動きと連動して、住処や居場所が動
き出すようです。たとえば、転勤や転職で引っ越すことになる、
といった展開が起こりやすいはずです。また、結婚や実家から
の独立など、周囲の人々との関係性の変化から居場所を動かす

ことになる人もいるはずです。変化が苦手なあなたですが、変える時は徹底的に変える実力を発揮できます。

◆**物質的な「制御感」の心地良さ。** ¥ ¥

11日以降、経済活動に明るい追い風が吹きます。お金や物を「きちんと掌握できている」気分の良さを感じられそうです。

♥**いざという時、支え合える関係。** ♥

人生の大きな決断をするような時、愛する人が味方になってくれると、とても心強いものです。この時期はあなた自身が転機に立っているため、パートナーのサポートがかけがえのないものと感じられるでしょう。「自分が転機に立っている」ということをパートナーにわかってもらう努力も必要になるかもしれません。愛を探している人は、家族を介した出会い、地域コミュニティでの出会いなど、ごく身近なところに愛が見つかりそうです。大変な時に支え合い、協力し合える相手かどうかがポイントになりそうです。

### ❯❯ 6月 全体の星模様 ❮

火星と金星が獅子座に同座し、熱量が増します。特に3月末から蟹座にあった火星はくすぶっているような状態にあったので、6月に入ると雨が上がってからっと晴れ上がるような爽快さが感じられるかもしれません。牡牛座に入った木星は魚座の土星と60度を組み、長期的な物事を地に足をつけて考え、軌道に乗せるような流れが生まれます。全体に安定感のある月です。

MONTHLY
HOROSCOPE

# 7

JULY

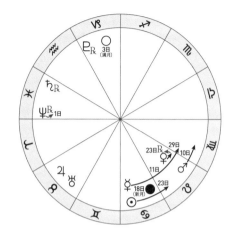

◆今月指したい「生き方」を選ぶ。 🖐🖐🖐

中旬からやりたいこと、好きなことに情熱的に打ち込める時間に入ります。一大転機に入っている牡牛座の人々ですが、この時期自分の個性や才能を強く意識し、未来に向かって重要なチャレンジを選択することになります。個人としての「自分」を世の中にどう打ち出すか、現段階での答えを出せます。

◆秋口にかけて、この世の楽園を作る。 🏠🏠🏠

6月から家の中がバタバタしている人も多いはずですが、7月中旬以降はとても楽しい雰囲気に包まれます。10月上旬まで、「家の中に愛を育む」「居場所を美しくする」「この世の楽園を作る」ような時間となっているのです。毎日家に帰るのが楽しみにな

るような、ハッピーな計画を進めていく人が多そうです。家族との関係もとてもあたたかくなります。

## ◎つながっていくコミュニケーション。

18日前後、新しいコミュニケーションが生まれます。ここでのやりとりをきっかけに、意外な世界への扉がどんどん開く気配があります。縁が縁を呼んで、遠くまで繋がります。

## ♥テリトリーの中を動き回ること。

10日以降、愛に火が入り、燃料が注がれます。愛についてとても積極的に動けるようになります。カップルは情熱的に愛し合えますし、「言いたいことを言って、関係が改善する」流れが生まれるでしょう。何かを溜め込んでおくより、「打ち出す」姿勢が功を奏します。愛を探している人は引き続き、身近なところに愛を見つけやすいはずです。「犬も歩けば棒に当たる」で、じっとしているよりは小さなアクションでも「動く」ことを心がけると良さそうです。なるべく近所に出てみて。

### ≫≫ 7月 全体の星模様 ≪

10日に火星が獅子座から乙女座へ、11日に水星が蟹座から獅子座へ移動します。火星が抜けた獅子座に金星と水星が同座し、とても爽やかな雰囲気に包まれます。5月末から熱い勝負を挑んできたテーマが、一転してとても楽しく軽やかな展開を見せるでしょう。一方、乙女座入りした火星は土星、木星と「調停」の形を結びます。問題に正面から向き合い、解決できます。

# 8

AUGUST

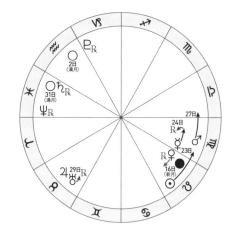

◆**自由への渇望を、活動にぶつける。**

引き続き、やりたいことにガンガン打ち込めます。この時期取り組む「やりたいこと」は、これまでにやってきたこととは全く別のことか、または、ジャンルは同じでもなにかしら新しい試みを含んでいるだろうと思います。胸に湧き上がる「新しいもの」への渇望を、「やりたいこと」に注ぎ込めます。

◆**あたたかく美しい「我が家」。**

6月からのハッピーな雰囲気が家に満ちています。ホームパーティーをしているような、来客で賑わっているようなムードが感じられます。あるいは自分一人で過ごす時も、自宅でワクワクするような喜びや、深い満足を感じられるでしょう。長らく

離れていた故郷に帰り、懐かしい人々と旧交をあたためる人も
いるだろうと思います。居場所や家族、ふるさと、地域コミュ
ニティの活動などに、自分から積極的に働きかけると、その働
きかけを想像以上に前向きに受け止めてもらえるでしょう。た
だし、家や居場所にまつわるプランは「計画通り」に進まない
場面も。意外な展開を歓迎したい時です。

### ♥いつになく積極的に動ける時。

こちらも引き続き、積極的に情熱をぶつけていける時期です。自
分から行動を起こせますし、愛情表現もとても熱い、ストレー
トなものになるでしょう。普段あまり感情を顕わにしない人も、
この時期はなぜか「思いを伝えなければ！」という焦りのよう
な、切迫した思いが湧き上がるはずです。動こうか、動くまい
かと逡巡するような場面でも「動かなければ、後悔するかもし
れない」という危機感を持てそうです。愛を探している人は今
月も、意外に近い場所に見つかる可能性が高いようです。お盆
の帰省でミラクルが起こる気配も。

### 》8月 全体の星模様 《

乙女座に火星と水星が同座し、忙しい雰囲気に包まれます。乙女
座は実務的な星座で、この時期多くの人が「任務」にいつも以上
に注力することになりそうです。一方、獅子座の金星は逆行しな
がら太陽と同座しています。怠けたりゆるんだりすることも、今
はとても大事です。2日と31日に満月が起こりますが、特に31日
の満月は土星と重なり、問題意識が強まりそうです。

## MONTHLY HOROSCOPE

# 9

## SEPTEMBER

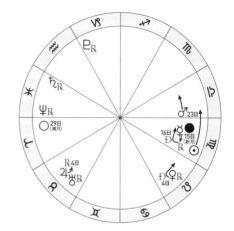

◈「やるべきこと」に意欲を燃やす。

多忙な時期です。果たすべき役割が明確になり、一気に集中力が出てきます。重要なポジションを引き受けてプレッシャーと闘いながら頑張る人が少なくないでしょう。一方、今担っている任務が自分に合わない人、無理を重ねている人は、転職活動など、根本的に状況を変える行動を起こせます。

◈月の半ば、スランプから突然脱出する。

7月中旬からの「やりたいことに打ち込む」プロセスが混乱気味になるかもしれません。突然意欲が薄くなったり、自分の取り組みに自信が持てなくなったりするかもしれませんが、月の中ほどを境に調子を取り戻せます。この9月前半の「一時停止」

50

は、やりたいことに対する自分の思い、趣味や楽しみへの向き合い方を振り返るのに、とても良い時期と言えます。15日前後、スランプを一気に突き抜けるような瞬間が巡ってきそうです。印象的な出来事が起こり、吹っ切れます。

◈ **楽しい我が家、とてもスムーズに。**　　　🏠🏠🏠

引き続き、家の中があたたかく楽しく、美しい時期です。8月中は計画通りに進まないことが多かったり、家族の足並みが揃わなかったりしたかもしれませんが、9月に入ると流れが良くなり、思い通りに家や家族に関する計画を進められます。

♥ **振り返りながら進む。半ばに転機が。**　　　♥♥

月の前半は愛のコミュニケーションに混乱を感じるかもしれませんが、月の半ばに流れが一転し、歯車が噛み合います。何でもよく話し合って、打ち解けたい時です。愛を探している人は、懐かしい人との再会から愛が見つかるかもしれません。15日前後、突発的な出会いの気配も。

## ≫≫ 9月 全体の星模様 ≪

月の前半、水星が乙女座で逆行します。物事の振り返りややり直しに見るべきものが多そうです。15日に乙女座で新月、翌16日に水星順行で、ここが「節目」になるでしょう。物事がスムーズな前進に転じます。8月に逆行していた金星も4日、順行に戻り、ゆるみがちだったことがだんだん好調になってきます。火星は天秤座で少し不器用に。怒りのコントロールが大切です。

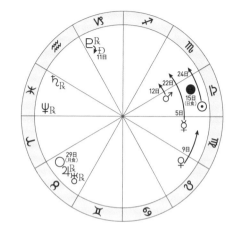

◆**一歩も引かない決意。**　🖐🖐🖐

12日以降、「真剣勝負」の時間に入ります。今、あなたの中には熱い自由と成長への力が燃えていますが、その力を受け止めようとする人、あるいはその力に対抗しようとする人が現れるかもしれません。タフな交渉に臨むことになるかもしれませんが、一歩も引く必要はありません。全力で勝負を。

◆**生活と心身のコンディションを整える。**　🏠🏠

先月から、「日常を変える」取り組みが続いています。非常に忙しい日々を過ごしている人も少なくないはずです。熱いドタバタ感、集中して取り組む作業は中旬を過ぎる頃には一段落しますが、その後「きちんと整理する」「後処理をする」ような作業

52

が続きそうです。生活のリズムを整え、無駄なルールを整理することで、コンディションが徐々に上向きに。

**◈「純粋に楽しむ」ことを解禁する。** ♥♥

趣味や遊び、好きなことに打ち込めます。ただ、あなたは「好きなことをする」時には不思議と、完璧主義的な面が出てしまい、楽しい気持ちよりは苦労する気持ちが先に立つかもしれません。「純粋に楽しむ」ことに罪悪感を感じる人もいるようですが、少なくとも今は、遠慮なく楽しみたいところです。

**♥不器用でもとにかく前進する。情熱の季節。** ♥♥♥

月の中旬以降、ギラギラの愛と情熱の季節です。熱しにくく冷めにくいあなたは「勢いで愛を伝える」ようなことができにくい傾向がありますが、今なら「勢いで」動けるかもしれません。少々TPOに問題があっても、タイミングが悪くても、とにかく「愛を先に進める」覚悟を持って行動を。愛を探している人も、いくらでもチャンスを掴めます。動いて。

## 10月 全体の星模様

獅子座の金星が9日に乙女座へ、天秤座の火星が12日に蠍座へ、それぞれ移動します。月の上旬は前月の雰囲気に繋がっていますが、中旬に入る頃にはガラッと変わり、熱いチャレンジの雰囲気が強まるでしょう。15日、天秤座で日食が起こります。人間関係の大きな転換点です。月末には木星の近くで月食、2023年のテーマの「マイルストーン」的な出来事の気配が。

MONTHLY
HOROSCOPE

# 11

NOVEMBER

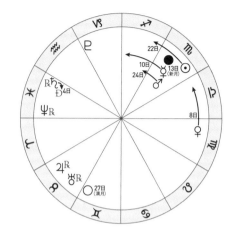

◆ 全力でぶつかって生まれるもの。　　　　　✊ ✊ ✊

24日まで「真剣勝負の時間」です。交渉事やライバルとの対決など、様々な形で人と「ぶつかる」ことになりそうです。この「ぶつかる」現象は決して悪いものではなく、今後長くあなたを守る人間関係をもたらし、勝負の結果得られる「戦利品」にも素晴らしい価値があります。全力で勝負を。

◆ 自他への愛あるケア、楽しい暮らし。　　　　🏠 🏠

心身のコンディションがとても良い時期です。生活全体が楽しく感じられますし、日々のリズムが心地良く、リラックスして過ごせるでしょう。前述の「真剣勝負」のプレッシャーも、家に帰ればすぐにほぐれそうです。新しい健康法や食生活の改善

54

などを試みることができますし、ストイックな方向ではなく、「楽しむ」方向で生活改善が実現します。自他への愛あるケアを通して、幸福を増幅できる時です。

### ◆手に入れた道具と、「夢」の関係。
月末、夢を叶えるために是非とも必要なものが手に入るかもしれません。あるいは逆に、ふと手に入れたアイテムがきっかけで、大きな夢を追いかけ始める人もいそうです。

### ♥ケアの行為がまっすぐ届く。 ♥ ♥ ♥
引き続き、熱い愛の季節の中にあります。先月までの「不器用さ」が今月中旬にはきれいに消え、自分らしく愛の駒を進められます。特に、あなたのあたたかな思いやり、ケアの行為が、相手の心にまっすぐ届きそうです。愛を探している人は、「自分らしくいられる場」に愛が見つかるかもしれません。日常の何気ないシーンに、ふと出会いが芽生える可能性が。また、衝突やトラブルがきっかけで恋に落ちる人も。

### 》11月 全体の星模様 《

火星は24日まで蠍座に、金星は8日から天秤座に入ります。どちらも「自宅」の配置で、パワフルです。愛と情熱、人間関係と闘争に関して、大きな勢いが生まれるでしょう。他者との関わりが密度を増します。水星は10日から射手座に入りますが、ここでは少々浮き足立つ感じがあります。特に、コミュニケーションや交通に関して、「脱線」が生じやすいかもしれません。

# 12

## DECEMBER

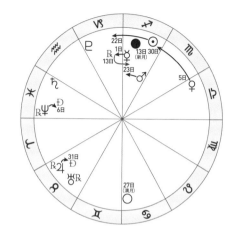

◆**愛に溢れる人間関係。**

先月から一転して、愛に溢れる楽しい人間関係に恵まれます。先月までバチバチにぶつかっていた相手と、気がつけば仲良く肩を組んでいる！といった状態になるかもしれません。あなたも相手もとても楽観的で、「楽観の暴走」的な展開になる気配も。でも、今はとにかく明るさを楽しみたいところです。

◆**人からの提案が、熱い。**

人からの提案やオファー、お勧めなどが、とても「熱い」時期です。びっくりするような「いい話」が来る場面もあるでしょう。誰かがあなたのために、特別なチャンスを用意してくれるかもしれません。このところチャレンジ精神旺盛なあなたです

が、その気持ちに応えるようなセッティングをしてもらえそうです。少し難しそうなチャンスでも、「あなたならきっとできます！」と励まされたら、まずは前向きに検討を。

### ◎遠い場所に「帰る」シチュエーション。

遠くから懐かしい人が訪ねてくるかもしれません。また、あなた自身が遠い場所に再訪したり、長く離れているふるさとに帰ったりすることになるかもしれません。遠い場所と「過去」の間に橋がかかり、今ぜひとも見つけておきたいものを発見できるでしょう。かつての学びの場に、素敵な出会いも。

### ♥スイートな優しさの季節。　　　　　♥ ♥

パートナーシップに愛が溢れます。先月までパートナーとガンガン衝突していた人もいるかもしれませんが、今月は一転して、スイートな優しさに包まれるでしょう。愛を探している人は、紹介やお見合いが有望です。まず正面から向き合い、その後時間をかけてお互いを知ることが大事です。

### 》》 12月 全体の星模様 《

火星は射手座に、金星は蠍座に、水星は山羊座に入ります。年末らしく忙しい雰囲気です。経済は沸騰気味、グローバルなテーマが注目されそうです。13日が転換点で射手座の新月、水星が逆行開始です。ここまで外へ外へと広がってきたものが、一転して内向きに展開し始める可能性も。27日、蟹座の満月は水星、木星と小三角を組み、今年1年の「まとめ」を照らし出します。

HOSHIORI

月と星で読む
牡牛座 365日のカレンダー

## ◈ 月の巡りで読む、12種類の日。

　毎日の占いをする際、最も基本的な「時計の針」となるのが、月の動きです。「今日、月が何座にいるか」がわかれば、今日のあなたの生活の中で、どんなテーマにスポットライトが当たっているかがわかります（P.64からの「365日のカレンダー」に、毎日の月のテーマが書かれています。 ☽マークは新月や満月など、◆マークは星の動きです）。

　本書では、月の位置による「その日のテーマ」を、右の表のように表しています。

　月は1ヵ月で12星座を一回りするので、一つの星座に2日半ほど滞在します。ゆえに、右の表の「○○の日」は、毎日変わるのではなく、2日半ほどで切り替わります。

　月が星座から星座へと移動するタイミングが、切り替えの時間です。この「切り替えの時間」はボイドタイムの終了時間と同じです。

1. **スタートの日**：物事が新しく始まる日。
   「仕切り直し」ができる、フレッシュな雰囲気の日。

2. **お金の日**：経済面・物質面で動きが起こりそうな日。
   自分の手で何かを創り出せるかも。

3. **メッセージの日**：素敵なコミュニケーションが生まれる。
   外出、勉強、対話の日。待っていた返信が来る。

4. **家の日**：身近な人や家族との関わりが豊かになる。
   家事や掃除など、家の中のことをしたくなるかも。

5. **愛の日**：恋愛他、愛全般に追い風が吹く日。
   好きなことができる。自分の時間を作れる。

6. **メンテナンスの日**：体調を整えるために休む人も。
   調整や修理、整理整頓、実務などに力がこもる。

7. **人に会う日**：文字通り「人に会う」日。
   人間関係が活性化する。「提出」のような場面も。

8. **プレゼントの日**：素敵なギフトを受け取れそう。
   他人のアクションにリアクションするような日。

9. **旅の日**：遠出することになるか、または、
   遠くから人が訪ねてくるかも。専門的学び。

10. **達成の日**：仕事や勉強など、頑張ってきたことについて、
    何らかの結果が出るような日。到達。

11. **友だちの日**：交友関係が広がる、賑やかな日。
    目指している夢や目標に一歩近づけるかも。

12. **ひみつの日**：自分一人の時間を持てる日。
    自分自身としっかり対話できる。

## ◆ 太陽と月と星々が巡る「ハウス」のしくみ。

前ページの、月の動きによる日々のテーマは「ハウス」というしくみによって読み取れます。

「ハウス」は、「世俗のハウス」とも呼ばれる、人生や生活の様々なイベントを読み取る手法です。12星座の一つ一つを「部屋」に見立て、そこに星が出入りすることで、その時間に起こる出来事の意義やなりゆきを読み取ろうとするものです。

自分の星座が「第1ハウス」で、そこから反時計回りに12まで数字を入れてゆくと、ハウスの完成です。

第1ハウス：「自分」のハウス
第2ハウス：「生産」のハウス
第3ハウス：「コミュニケーション」のハウス
第4ハウス：「家」のハウス
第5ハウス：「愛」のハウス
第6ハウス：「任務」のハウス
第7ハウス：「他者」のハウス
第8ハウス：「ギフト」のハウス
第9ハウス：「旅」のハウス
第10ハウス：「目標と結果」のハウス
第11ハウス：「夢と友」のハウス
第12ハウス：「ひみつ」のハウス

例：牡牛座の人の場合

自分の星座が
第1ハウス

反時計回り

たとえば、今日の月が射手座に位置していたとすると、この日は「第8ハウスに月がある」ということになります。

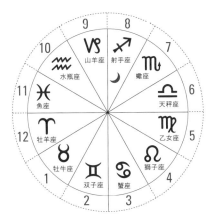

前々ページの「○○の日」の前に打ってある数字は、実はハウスを意味しています。「第8ハウスに月がある」日は、「8. プレゼントの日」です。

太陽と月、水星から海王星までの惑星、そして準惑星の冥王星が、この12のハウスをそれぞれのスピードで移動していきます。「どの星がどのハウスにあるか」で、その時間のカラーやそのとき起こっていることの意味を、読み解くことができるのです。詳しくは『星読み＋ 2022〜2032年データ改訂版』(幻冬舎コミックス刊)、または『月で読むあしたの星占い』(すみれ書房刊)でどうぞ！

# 1 ·JANUARY·

| | | |
|---|---|---|
| **1** | 日 | ひみつの日 ▶ スタートの日 　　　　　　　　　　　　　　　[ボイド 〜02:10] <br> 新しいことを始めやすい時間に切り替わる。 |
| **2** | 月 | スタートの日 <br> 主役の意識で動く。新しい選択肢を選べる。気持ちが切り替わる。 |
| **3** | 火 | スタートの日 ▶ お金の日 　　　　　　　　　　　　　[ボイド 07:17〜11:46] <br> 物質面・経済活動が活性化する時間に入る。 <br> ◆金星が「目標と結果」のハウスへ。目標達成と勲章。気軽に掴めるチャンス。嬉しい配役。 |
| **4** | 水 | お金の日 <br> いわゆる「金運がいい」日。実入りが良く、いい買い物もできそう。 |
| **5** | 木 | お金の日 ▶ メッセージの日 　　　　　　　　　　　[ボイド 09:09〜23:16] <br> 「動き」が出てくる。コミュニケーションの活性。 |
| **6** | 金 | メッセージの日 <br> 待っていた朗報が届く。勉強が捗る。外に出たくなる日。 |
| **7** | 土 | ○ メッセージの日 <br> 待っていた朗報が届く。勉強が捗る。外に出たくなる日。 <br> ☽「コミュニケーション」のハウスで満月。重ねてきた勉強や対話が実を結ぶとき。意思疎通が叶う。 |
| **8** | 日 | メッセージの日 ▶ 家の日 　　　　　　　　　　　　[ボイド 07:25〜11:42] <br> 生活環境や身内に目が向かう。原点回帰。 |
| **9** | 月 | 家の日 <br> 「普段の生活」が充実。身内との関係強化。環境改善ができる。 |
| **10** | 火 | 家の日 　　　　　　　　　　　　　　　　　　　　　[ボイド 10:54〜] <br> 「普段の生活」が充実。身内との関係強化。環境改善ができる。 |
| **11** | 水 | 家の日 ▶ 愛の日 　　　　　　　　　　　　　　　　　[ボイド 〜00:17] <br> 愛の追い風が吹く。好きなことができる。 |
| **12** | 木 | 愛の日 <br> 愛について嬉しいことがある。子育て、趣味、創作にも追い風が。 |
| **13** | 金 | 愛の日 ▶ メンテナンスの日 　　　　　　　　　　　[ボイド 08:08〜11:58] <br> 「やりたいこと」から「やるべきこと」へのシフト。 <br> ◆火星が「生産」のハウスで順行へ。経済・物質面で「攻め」の姿勢を取り戻せる。 |
| **14** | 土 | メンテナンスの日 <br> 生活や心身の故障部分を修理できる。ケアしたり、されたり。 |
| **15** | 日 | ◑ メンテナンスの日 ▶ 人に会う日 　　　　　　　[ボイド 17:41〜21:10] <br> 「自分の世界」から「外界」へ出るような節目。 |
| **16** | 月 | 人に会う日 <br> 人に会ったり、会う約束をしたりする日。出会いの気配も。 |

**17** 火　人に会う日　　　　　　　　　　　　　　　　　　　　［ボイド 23:29〜］
人に会ったり、会う約束をしたりする日。出会いの気配も。

**18** 水　人に会う日 ▶ プレゼントの日　　　　　　　　　　　　　［ボイド 〜02:35］
他者との関係に、さらに一歩踏み込めるように。
◆水星が「旅」のハウスで順行へ。旅程の混乱や情報の錯綜が正常化する。目的地が見える。

**19** 木　プレゼントの日　　　　　　　　　　　　　　　　　　　［ボイド 19:10〜］
人から貴重なものを受け取れる。提案を受ける場面も。

**20** 金　プレゼントの日 ▶ 旅の日　　　　　　　　　　　　　　　［ボイド 〜04:13］
遠い場所との間に、橋が架かり始める。
◆太陽が「目標と結果」のハウスへ。1年のサイクルの中で「目標と達成」を確認するとき。

**21** 土　旅の日
遠出したり、遠くから人が訪ねてくれたりする日。発信力も増す。

**22** 日　●旅の日 ▶ 達成の日　　　　　　　　　　　　［ボイド 00:54〜03:30］
意欲が湧く。はっきりした成果が出る時間へ。
◗「目標と結果」のハウスで新月。新しいミッションがスタートするとき。目的意識が定まる。

**23** 月　達成の日　　　　　　　　　　　　　　　　　　　　　　［ボイド 19:21〜］
目標に手が届く。結果が出る日。人から認められる場面も。
◆天王星が「自分」のハウスで順行へ。反抗・改革の精神が戻ってくる。変革への意志。

**24** 火　達成の日 ▶ 友だちの日　　　　　　　　　　　　　　　　［ボイド 〜02:37］
肩の力が抜け、伸びやかな気持ちになれる。

**25** 水　友だちの日
未来のプランを立てる。友だちと過ごせる。チームワーク。

**26** 木　友だちの日 ▶ ひみつの日　　　　　　　　　　　　［ボイド 01:13〜03:50］
ざわめきから少し離れたくなる。自分の時間。

**27** 金　ひみつの日
一人の時間。過去を振り返り、戦略を練る。自分を大事にする。
◆金星が「夢と友」のハウスへ。友や仲間との交流が華やかに。「恵み」を受け取れる。

**28** 土　ひみつの日 ▶ スタートの日　　　　　　　　　　　［ボイド 06:03〜08:44］
新しいことを始めやすい時間に切り替わる。

**29** 日　◐スタートの日
主役の意識で動く。新しい選択肢を選べる。気持ちが切り替わる。

**30** 月　スタートの日 ▶ お金の日　　　　　　　　　　　［ボイド 14:54〜17:36］
物質面・経済活動が活性化する時間に入る。

**31** 火　お金の日
いわゆる「金運がいい」日。実入りが良く、いい買い物もできそう。

# 2 · FEBRUARY ·

**1** 水
お金の日 　　　　　　　　　　　　　　　　　　　　　　[ボイド 21:00〜]
いわゆる「金運がいい」日。実入りが良く、いい買い物もできそう。

**2** 木
お金の日 ▶ メッセージの日 　　　　　　　　　　　　　　[ボイド 〜05:13]
「動き」が出てくる。コミュニケーションの活性。

**3** 金
メッセージの日
待っていた朗報が届く。勉強が捗る。外に出たくなる日。

**4** 土
メッセージの日 ▶ 家の日 　　　　　　　　　　　　　　　[ボイド 15:21〜17:50]
生活環境や身内に目が向かう。原点回帰。

**5** 日
家の日
「普段の生活」が充実。身内との関係強化。環境改善ができる。

**6** 月
〇家の日 　　　　　　　　　　　　　　　　　　　　　　[ボイド 23:17〜]
「普段の生活」が充実。身内との関係強化。環境改善ができる。
🌓「家」のハウスで満月。居場所が「定まる」。身近な人との間で「心満ちる」とき。

**7** 火
家の日 ▶ 愛の日 　　　　　　　　　　　　　　　　　　　[ボイド 〜06:16]
愛の追い風が吹く。好きなことができる。

**8** 水
愛の日
愛について嬉しいことがある。子育て、趣味、創作にも追い風が。

**9** 木
愛の日 ▶ メンテナンスの日 　　　　　　　　　　　　　　[ボイド 15:42〜17:48]
「やりたいこと」から「やるべきこと」へのシフト。

**10** 金
メンテナンスの日
生活や心身の故障部分を修理できる。ケアしたり、されたり。

**11** 土
メンテナンスの日
生活や心身の故障部分を修理できる。ケアしたり、されたり。
◆水星が「目標と結果」のハウスへ。ここから忙しくなる。新しい課題、ミッション、使命。

**12** 日
メンテナンスの日 ▶ 人に会う日 　　　　　　　　　　　　[ボイド 01:43〜03:36]
「自分の世界」から「外界」へ出るような節目。

**13** 月
人に会う日
人に会ったり、会う約束をしたりする日。出会いの気配も。

**14** 火
🌗人に会う日 ▶ プレゼントの日 　　　　　　　　　　　　[ボイド 08:54〜10:33]
他者との関係に、さらに一歩踏み込めるように。

**15** 水
プレゼントの日
人から貴重なものを受け取れる。提案を受ける場面も。

**16** 木
プレゼントの日 ▶ 旅の日 　　　　　　　　　　　　　　　[ボイド 10:07〜14:01]
遠い場所との間に、橋が架かり始める。

**17** 金
旅の日
遠出したり、遠くから人が訪ねてくれたりする日。発信力も増す。

**18** 土 旅の日 ▶ 達成の日            [ボイド 13:19〜14:36]
意欲が湧く。はっきりした成果が出る時間へ。

**19** 日 達成の日
目標に手が届く。結果が出る日。人から認められる場面も。
◆太陽が「夢と友」のハウスへ。1年のサイクルの中で「友」「未来」に目を向ける季節へ。

**20** 月 ●達成の日 ▶ 友だちの日       [ボイド 11:02〜13:58]
肩の力が抜け、伸びやかな気持ちになれる。
☽「夢と友」のハウスで新月。新しい仲間や友に出会えるとき。夢が生まれる。迷いが晴れる。◆金星が「ひみつ」のハウスへ。これ以降、純粋な愛情から行動できる。一人の時間の充実も。

**21** 火 友だちの日
未来のプランを立てる。友だちと過ごせる。チームワーク。

**22** 水 友だちの日 ▶ ひみつの日       [ボイド 13:07〜14:15]
ざわめきから少し離れたくなる。自分の時間。

**23** 木 ひみつの日
一人の時間。過去を振り返り、戦略を練る。自分を大事にする。

**24** 金 ひみつの日 ▶ スタートの日       [ボイド 16:23〜17:31]
新しいことを始めやすい時間に切り替わる。

**25** 土 スタートの日
主役の意識で動く。新しい選択肢を選べる。気持ちが切り替わる。

**26** 日 スタートの日               [ボイド 23:44〜]
主役の意識で動く。新しい選択肢を選べる。気持ちが切り替わる。

**27** 月 ◑スタートの日 ▶ お金の日       [ボイド 〜00:49]
物質面・経済活動が活性化する時間に入る。

**28** 火 お金の日
いわゆる「金運がいい」日。実入りが良く、いい買い物もできそう。

# 3 ·MARCH·

| | | |
|---|---|---|
| **1** | 水 | お金の日 ▶ メッセージの日                                          [ボイド 10:09～11:42]<br>「動き」が出てくる。コミュニケーションの活性。 |

**2** 木   メッセージの日<br>待っていた朗報が届く。勉強が捗る。外に出たくなる日。

**3** 金   メッセージの日                                       [ボイド 23:24～]<br>待っていた朗報が届く。勉強が捗る。外に出たくなる日。<br>◆水星が「夢と友」のハウスへ。仲間に恵まれる爽やかな季節。友と夢を語れる。新しい計画。

**4** 土   メッセージの日 ▶ 家の日                                   [ボイド ～00:17]<br>生活環境や身内に目が向かう。原点回帰。

**5** 日   家の日<br>「普段の生活」が充実。身内との関係強化。環境改善ができる。

**6** 月   家の日 ▶ 愛の日                                       [ボイド 12:20～12:40]<br>愛の追い風が吹く。好きなことができる。

**7** 火   ○愛の日<br>愛について嬉しいことがある。子育て、趣味、創作にも追い風が。<br>🌙「愛」のハウスで満月。愛が「満ちる」「実る」とき。クリエイティブな作品の完成。◆土星が「夢と友」のハウスへ。約2年半をかけた「実現する夢」を描く作業の始まり。

**8** 水   愛の日 ▶ メンテナンスの日                           [ボイド 23:09～23:46]<br>「やりたいこと」から「やるべきこと」へのシフト。

**9** 木   メンテナンスの日<br>生活や心身の故障部分を修理できる。ケアしたり、されたり。

**10** 金   メンテナンスの日<br>生活や心身の故障部分を修理できる。ケアしたり、されたり。

**11** 土   メンテナンスの日 ▶ 人に会う日                        [ボイド 08:38～09:07]<br>「自分の世界」から「外界」へ出るような節目。

**12** 日   人に会う日<br>人に会ったり、会う約束をしたりする日。出会いの気配も。

**13** 月   人に会う日 ▶ プレゼントの日                        [ボイド 16:00～16:22]<br>他者との関係に、さらに一歩踏み込めるように。

**14** 火   プレゼントの日<br>人から貴重なものを受け取れる。提案を受ける場面も。

**15** 水   ◑プレゼントの日 ▶ 旅の日                         [ボイド 17:52～21:07]<br>遠い場所との間に、橋が架かり始める。

**16** 木   旅の日<br>遠出したり、遠くから人が訪ねてくれたりする日。発信力も増す。

**17** 金
旅の日 ▶ 達成の日　　　　　　　　　　　　　　[ボイド 23:15〜23:27]
意欲が湧く。はっきりした成果が出る時間へ。
◆金星が「自分」のハウスに。あなたの魅力が輝く季節の到来。愛に恵まれる楽しい日々へ。

**18** 土
達成の日
目標に手が届く。結果が出る日。人から認められる場面も。

**19** 日
達成の日　　　　　　　　　　　　　　　　　[ボイド 19:35〜]
目標に手が届く。結果が出る日。人から認められる場面も。
◆水星が「ひみつ」のハウスへ。思考が深まる。思索、瞑想、誰かのための勉強。記録の精査。

**20** 月
達成の日 ▶ 友だちの日　　　　　　　　　　　[ボイド 〜00:14]
肩の力が抜け、伸びやかな気持ちになれる。

**21** 火
友だちの日
未来のプランを立てる。友だちと過ごせる。チームワーク。
◆太陽が「ひみつ」のハウスへ。新しい1年を目前にしての、振り返りと準備の時期。

**22** 水
●友だちの日 ▶ ひみつの日　　　　　　　　[ボイド 01:00〜01:03]
ざわめきから少し離れたくなる。自分の時間。
☽「ひみつ」のハウスで新月。密かな迷いから解放される。自他を救うための行動を起こす。

**23** 木
ひみつの日
一人の時間。過去を振り返り、戦略を練る。自分を大事にする。
◆冥王星が「目標と結果」のハウスへ。ここから2043年頃にかけ、強大な社会的パワーを手にできる。

**24** 金
ひみつの日 ▶ スタートの日　　　　　　　　[ボイド 02:15〜03:44]
新しいことを始めやすい時間に切り替わる。

**25** 土
スタートの日
主役の意識で動く。新しい選択肢を選べる。気持ちが切り替わる。
◆火星が「コミュニケーション」のハウスに。熱いコミュニケーション、議論。向学心。外に出て動く日々へ。

**26** 日
スタートの日 ▶ お金の日　　　　　　　　　[ボイド 01:21〜09:43]
物質面・経済活動が活性化する時間に入る。

**27** 月
お金の日
いわゆる「金運がいい」日。実入りが良く、いい買い物もできそう。

**28** 火
お金の日 ▶ メッセージの日　　　　　　　　[ボイド 10:41〜19:24]
「動き」が出てくる。コミュニケーションの活性。

**29** 水
●メッセージの日
待っていた朗報が届く。勉強が捗る。外に出たくなる日。

**30** 木
メッセージの日　　　　　　　　　　　　　　[ボイド 22:47〜]
待っていた朗報が届く。勉強が捗る。外に出たくなる日。

**31** 金
メッセージの日 ▶ 家の日　　　　　　　　　　[ボイド 〜07:33]
生活環境や身内に目が向かう。原点回帰。

# 4 ·APRIL·

**1 土**
家の日
「普段の生活」が充実。身内との関係強化。環境改善ができる。

**2 日**
家の日 ▶ 愛の日　　　　　　　　　　　　　　［ボイド 15:05〜19:59］
愛の追い風が吹く。好きなことができる。

**3 月**
愛の日
愛について嬉しいことがある。子育て、趣味、創作にも追い風が。

**4 火**
愛の日　　　　　　　　　　　　　　　　　　　　［ボイド 22:52〜］
愛について嬉しいことがある。子育て、趣味、創作にも追い風が。
◆水星が「自分」のハウスへ。知的活動が活性化。若々しい気持ち、行動力。発言力の強化。

**5 水**
愛の日 ▶ メンテナンスの日　　　　　　　　　　　［ボイド 〜06:53］
「やりたいこと」から「やるべきこと」へのシフト。

**6 木**
○メンテナンスの日　　　　　　　　　　　　　　［ボイド 21:44〜］
生活や心身の故障部分を修理できる。ケアしたり、されたり。
☽「任務」のハウスで満月。日々の努力や蓄積が「実る」。自他の体調のケアに留意。

**7 金**
メンテナンスの日 ▶ 人に会う日　　　　　　　　　［ボイド 〜15:31］
「自分の世界」から「外界」へ出るような節目。

**8 土**
人に会う日
人に会ったり、会う約束をしたりする日。出会いの気配も。

**9 日**
人に会う日 ▶ プレゼントの日　　　　　　　　　　［ボイド 18:11〜21:58］
他者との関係に、さらに一歩踏み込めるように。

**10 月**
プレゼントの日
人から貴重なものを受け取れる。提案を受ける場面も。

**11 火**
プレゼントの日　　　　　　　　　　　　　　　　［ボイド 19:49〜］
人から貴重なものを受け取れる。提案を受ける場面も。
◆金星が「生産」のハウスへ。経済活動の活性化、上昇気流。物質的豊かさの開花。

**12 水**
プレゼントの日 ▶ 旅の日　　　　　　　　　　　　［ボイド 〜02:35］
遠い場所との間に、橋が架かり始める。

**13 木**
◗旅の日　　　　　　　　　　　　　　　　　　　［ボイド 23:16〜］
遠出したり、遠くから人が訪ねてくれたりする日。発信力も増す。

**14 金**
旅の日 ▶ 達成の日　　　　　　　　　　　　　　　［ボイド 〜05:44］
意欲が湧く。はっきりした成果が出る時間へ。

**15 土**
達成の日
目標に手が届く。結果が出る日。人から認められる場面も。

**16 日**
達成の日 ▶ 友だちの日　　　　　　　　　　　　　［ボイド 00:17〜07:58］
肩の力が抜け、伸びやかな気持ちになれる。

**17** 月　友だちの日
未来のプランを立てる。友だちと過ごせる。チームワーク。

**18** 火　友だちの日 ▶ ひみつの日　　　　　　　[ボイド 03:59～10:11]
ざわめきから少し離れたくなる。自分の時間。

**19** 水　ひみつの日
一人の時間。過去を振り返り、戦略を練る。自分を大事にする。

**20** 木　●ひみつの日 ▶ スタートの日　　　　　　[ボイド 13:14～13:31]
新しいことを始めやすい時間に切り替わる。精神の「復活」。心の中の新しい扉が
開かれる。桎梏からの自由。◆太陽が「自分」のハウスへ。お誕生
月の始まり、新しい1年への「扉」を開くとき。

**21** 金　スタートの日
主役の意識で動く。新しい選択肢を選べる。気持ちが切り替わる。
◆水星が「自分」のハウスで逆行開始。立ち止まって「自分」を理解
し直す時間へ。

**22** 土　スタートの日 ▶ お金の日　　　　　　　[ボイド 12:43～19:13]
物質面・経済活動が活性化する時間に入る。

**23** 日　お金の日
いわゆる「金運がいい」日。実入りが良く、いい買い物もできそう。

**24** 月　お金の日　　　　　　　　　　　　　[ボイド 21:17～]
いわゆる「金運がいい」日。実入りが良く、いい買い物もできそう。

**25** 火　お金の日 ▶ メッセージの日　　　　　　　[ボイド ～04:00]
「動き」が出てくる。コミュニケーションの活性。

**26** 水　メッセージの日
待っていた朗報が届く。勉強が捗る。外に出たくなる日。

**27** 木　メッセージの日 ▶ 家の日　　　　　　　[ボイド 08:42～15:31]
生活環境や身内に目が向かう。原点回帰。

**28** 金　◑家の日
「普段の生活」が充実。身内との関係強化。環境改善ができる。

**29** 土　家の日　　　　　　　　　　　　　　[ボイド 19:54～]
「普段の生活」が充実。身内との関係強化。環境改善ができる。

**30** 日　家の日 ▶ 愛の日　　　　　　　　　　　[ボイド ～04:01]
愛の追い風が吹く。好きなことができる。

# 5 ・MAY・

**1** 月
愛の日
愛について嬉しいことがある。子育て、趣味、創作にも追い風が。

**2** 火
愛の日 ▶ メンテナンスの日　　　　　　　　　　　　[ボイド 08:54〜15:11]
「やりたいこと」から「やるべきこと」へのシフト。
◆冥王星が「目標と結果」のハウスで逆行開始。社会的野心や支配関係を見つめ直す期間へ。

**3** 水
メンテナンスの日
生活や心身の故障部分を修理できる。ケアしたり、されたり。

**4** 木
メンテナンスの日 ▶ 人に会う日　　　　　　　　　　[ボイド 18:18〜23:34]
「自分の世界」から「外界」へ出るような節目。

**5** 金
人に会う日
人に会ったり、会う約束をしたりする日。出会いの気配も。

**6** 土
○人に会う日　　　　　　　　　　　　　　　　　　[ボイド 23:39〜]
人に会ったり、会う約束をしたりする日。出会いの気配も。
☽「他者」のハウスで月食。誰かとの関係が神秘的な「脱皮」を遂げるか。努力が報われる。

**7** 日
人に会う日 ▶ プレゼントの日　　　　　　　　　　　[ボイド 〜05:06]
他者との関係に、さらに一歩踏み込めるように。
◆金星が「コミュニケーション」のハウスへ。喜びある学び、対話、外出。言葉による優しさ、愛の伝達。

**8** 月
プレゼントの日
人から貴重なものを受け取れる。提案を受ける場面も。

**9** 火
プレゼントの日 ▶ 旅の日　　　　　　　　　　　　[ボイド 05:30〜08:35]
遠い場所との間に、橋が架かり始める。

**10** 水
旅の日
遠出したり、遠くから人が訪ねてくれたりする日。発信力も増す。

**11** 木
旅の日 ▶ 達成の日　　　　　　　　　　　　　　　[ボイド 08:59〜11:07]
意欲が湧く。はっきりした成果が出る時間へ。

**12** 金
◑達成の日
目標に手が届く。結果が出る日。人から認められる場面も。

**13** 土
達成の日 ▶ 友だちの日　　　　　　　　　　　　　[ボイド 12:17〜13:41]
肩の力が抜け、伸びやかな気持ちになれる。

**14** 日
友だちの日
未来のプランを立てる。友だちと過ごせる。チームワーク。

**15** 月
友だちの日 ▶ ひみつの日　　　　　　　　　　　　[ボイド 11:58〜16:57]
ざわめきから少し離れたくなる。自分の時間。
◆水星が「自分」のハウスで順行へ。不調や停滞感からの解放、始動。考えがまとまる。

**16** 火
ひみつの日
一人の時間。過去を振り返り、戦略を練る。自分を大事にする。

**17** 水
ひみつの日 ▶ スタートの日 　　　　　　　　　　　[ボイド 18:11～21:29]
新しいことを始めやすい時間に切り替わる。
◆木星が「自分」のハウスへ。約12年に1度の「耕耘期」の到来。
飛躍的な成長期へ。

**18** 木
スタートの日
主役の意識で動く。新しい選択肢を選べる。気持ちが切り替わる。

**19** 金
スタートの日
主役の意識で動く。新しい選択肢を選べる。気持ちが切り替わる。

**20** 土
●スタートの日 ▶ お金の日 　　　　　　　　　　　[ボイド 02:52～03:49]
物質面・経済活動が活性化する時間に入る。
☽「自分」のハウスで新月。大切なことがスタートする節目。フレッ
シュな「切り替え」。

**21** 日
お金の日
いわゆる「金運がいい」日。実入りが良く、いい買い物もできそう。
◆火星が「家」のハウスへ。居場所を「動かす」時期。環境変化、引
越、家族との取り組み。◆太陽が「生産」のハウスへ。1年のサイク
ルの中で「物質的・経済的土台」を整備する。

**22** 月
お金の日 ▶ メッセージの日 　　　　　　　　　　　[ボイド 07:13～12:30]
「動き」が出てくる。コミュニケーションの活性。

**23** 火
メッセージの日
待っていた朗報が届く。勉強が捗る。外に出たくなる日。

**24** 水
メッセージの日 ▶ 家の日 　　　　　　　　　　　[ボイド 18:14～23:36]
生活環境や身内に目が向かう。原点回帰。

**25** 木
家の日
「普段の生活」が充実。身内との関係強化。環境改善ができる。

**26** 金
家の日 　　　　　　　　　　　　　　　　　　　[ボイド 15:40～]
「普段の生活」が充実。身内との関係強化。環境改善ができる。

**27** 土
家の日 ▶ 愛の日 　　　　　　　　　　　　　　　[ボイド ～12:07]
愛の追い風が吹く。好きなことができる。

**28** 日
◑愛の日
愛について嬉しいことがある。子育て、趣味、創作にも追い風が。

**29** 月
愛の日 ▶ メンテナンスの日 　　　　　　　　　　　[ボイド 18:47～23:52]
「やりたいこと」から「やるべきこと」へのシフト。

**30** 火
メンテナンスの日
生活や心身の故障部分を修理できる。ケアしたり、されたり。

**31** 水
メンテナンスの日 　　　　　　　　　　　　　　[ボイド 23:55～]
生活や心身の故障部分を修理できる。ケアしたり、されたり。

# 6 ・JUNE・

**1** 木 メンテナンスの日 ▶ 人に会う日 [ボイド 〜08:47]
「自分の世界」から「外界」へ出るような節目。

**2** 金 人に会う日
人に会ったり、会う約束をしたりする日。出会いの気配も。

**3** 土 人に会う日 ▶ プレゼントの日 [ボイド 09:53〜14:05]
他者との関係に、さらに一歩踏み込めるように。

**4** 日 ○プレゼントの日
人から貴重なものを受け取れる。提案を受ける場面も。
☽「ギフト」のハウスで満月。人から「満を持して」手渡されるものがある。他者との融合。

**5** 月 プレゼントの日 ▶ 旅の日 [ボイド 12:25〜16:33]
遠い場所との間に、橋が架かり始める。
◆金星が「家」のハウスへ。身近な人とのあたたかな交流。愛着。居場所を美しくする。

**6** 火 旅の日
遠出したり、遠くから人が訪ねてくれたりする日。発信力も増す。

**7** 水 旅の日 ▶ 達成の日 [ボイド 13:41〜17:43]
意欲が湧く。はっきりした成果が出る時間へ。

**8** 木 達成の日
目標に手が届く。結果が出る日。人から認められる場面も。

**9** 金 達成の日 ▶ 友だちの日 [ボイド 13:25〜19:16]
肩の力が抜け、伸びやかな気持ちになれる。

**10** 土 友だちの日
未来のプランを立てる。友だちと過ごせる。チームワーク。

**11** 日 ◑友だちの日 ▶ ひみつの日 [ボイド 22:22〜22:22]
ざわめきから少し離れたくなる。自分の時間。
◆逆行中の冥王星が「旅」のハウスへ。2008年頃からの「長旅・長い学び」の道のりを振り返る時間に。◆水星が「生産」のハウスへ。経済活動に知性を活かす。情報収集、経営戦略。在庫整理。

**12** 月 ひみつの日
一人の時間。過去を振り返り、戦略を練る。自分を大事にする。

**13** 火 ひみつの日
一人の時間。過去を振り返り、戦略を練る。自分を大事にする。

**14** 水 ひみつの日 ▶ スタートの日 [ボイド 03:28〜03:33]
新しいことを始めやすい時間に切り替わる。

**15** 木 スタートの日
主役の意識で動く。新しい選択肢を選べる。気持ちが切り替わる。

**16** 金 スタートの日 ▶ お金の日 [ボイド 10:38〜10:47]
物質面・経済活動が活性化する時間に入る。

74

**17** 土　お金の日
いわゆる「金運がいい」日。実入りが良く、いい買い物もできそう。

**18** 日　●お金の日 ▶ メッセージの日　　　　　[ボイド 15:26〜19:59]
「動き」が出てくる。コミュニケーションの活性。
◆土星が「夢と友」のハウスで逆行開始。夢の検証作業。仲間との意思疎通の確認。☽「生産」のハウスで新月。新しい経済活動をスタートさせる。新しいものを手に入れる。

**19** 月　メッセージの日
待っていた朗報が届く。勉強が捗る。外に出たくなる日。

**20** 火　メッセージの日
待っていた朗報が届く。勉強が捗る。外に出たくなる日。

**21** 水　メッセージの日 ▶ 家の日　　　　　[ボイド 06:45〜07:06]
生活環境や身内に目が向かう。原点回帰。
◆太陽が「コミュニケーション」のハウスへ。1年のサイクルの中でコミュニケーションを繋ぎ直すとき。

**22** 木　家の日
「普段の生活」が充実。身内との関係強化。環境改善ができる。

**23** 金　家の日 ▶ 愛の日　　　　　[ボイド 02:02〜19:37]
愛の追い風が吹く。好きなことができる。

**24** 土　愛の日
愛について嬉しいことがある。子育て、趣味、創作にも追い風が。

**25** 日　愛の日
愛について嬉しいことがある。子育て、趣味、創作にも追い風が。

**26** 月　◑愛の日 ▶ メンテナンスの日　　　　　[ボイド 07:26〜07:59]
「やりたいこと」から「やるべきこと」へのシフト。

**27** 火　メンテナンスの日
生活や心身の故障部分を修理できる。ケアしたり、されたり。
◆水星が「コミュニケーション」のハウスへ。知的活動の活性化、コミュニケーションの進展。学習の好機。

**28** 水　メンテナンスの日 ▶ 人に会う日　　　　　[ボイド 17:20〜17:57]
「自分の世界」から「外界」へ出るような節目。

**29** 木　人に会う日
人に会ったり、会う約束をしたりする日。出会いの気配も。

**30** 金　人に会う日　　　　　[ボイド 23:22〜]
人に会ったり、会う約束をしたりする日。出会いの気配も。

# 7 ・JULY・

**1** 土
人に会う日 ▶ プレゼントの日 　　　　　　　　　　［ボイド 〜00:01］
他者との関係に、さらに一歩踏み込めるように。
◆海王星が「夢と友」のハウスで逆行開始。弱さが希望の核に。弱みが友情を育てる時期へ。

**2** 日
プレゼントの日 　　　　　　　　　　　　　　　　　［ボイド 22:35〜］
人から貴重なものを受け取れる。提案を受ける場面も。

**3** 月
○プレゼントの日 ▶ 旅の日 　　　　　　　　　　　　［ボイド 〜02:22］
遠い場所との間に、橋が架かり始める。
☽「旅」のハウスで満月。遠い場所への扉が「満を持して」開かれる。遠くまで声が届く。

**4** 火
旅の日
遠出したり、遠くから人が訪ねてくれたりする日。発信力も増す。

**5** 水
旅の日 ▶ 達成の日 　　　　　　　　　　　　　　　［ボイド 01:47〜02:32］
意欲が湧く。はっきりした成果が出る時間へ。

**6** 木
達成の日 　　　　　　　　　　　　　　　　　　　　［ボイド 22:43〜］
目標に手が届く。結果が出る日。人から認められる場面も。

**7** 金
達成の日 ▶ 友だちの日 　　　　　　　　　　　　　［ボイド 〜02:34］
肩の力が抜け、伸びやかな気持ちになれる。

**8** 土
友だちの日
未来のプランを立てる。友だちと過ごせる。チームワーク。

**9** 日
友だちの日 ▶ ひみつの日 　　　　　　　　　　　　［ボイド 03:24〜04:21］
ざわめきから少し離れたくなる。自分の時間。

**10** 月
☽ひみつの日
一人の時間。過去を振り返り、戦略を練る。自分を大事にする。
◆火星が「愛」のハウスへ。情熱的な愛、積極的自己表現。愛と理想のための戦い。

**11** 火
ひみつの日 ▶ スタートの日 　　　　　　　　　　　［ボイド 08:13〜08:57］
新しいことを始めやすい時間に切り替わる。
◆水星が「家」のハウスへ。来訪者。身近な人との対話。若々しい風が居場所に吹き込む。

**12** 水
スタートの日
主役の意識で動く。新しい選択肢を選べる。気持ちが切り替わる。

**13** 木
スタートの日 ▶ お金の日 　　　　　　　　　　　　［ボイド 15:12〜16:28］
物質面・経済活動が活性化する時間に入る。

**14** 金
お金の日
いわゆる「金運がいい」日。実入りが良く、いい買い物もできそう。

**15** 土
お金の日 　　　　　　　　　　　　　　　　　　　　［ボイド 21:37〜］
いわゆる「金運がいい」日。実入りが良く、いい買い物もできそう。

**16** 日 　お金の日 ▶ メッセージの日 　　　　　　　　　　　　[ボイド 〜02:15]
「動き」が出てくる。コミュニケーションの活性。

**17** 月 　メッセージの日
待っていた朗報が届く。勉強が捗る。外に出たくなる日。

**18** 火 　● メッセージの日 ▶ 家の日 　　　　　　　　　[ボイド 12:08〜13:41]
生活環境や身内に目が向かう。原点回帰。
☾「コミュニケーション」のハウスで新月。新しいコミュニケーション
が始まる。学び始める。朗報も。

**19** 水 　家の日
「普段の生活」が充実。身内との関係強化。環境改善ができる。

**20** 木 　家の日 　　　　　　　　　　　　　　　　　　[ボイド 23:10〜]
「普段の生活」が充実。身内との関係強化。環境改善ができる。

**21** 金 　家の日 ▶ 愛の日 　　　　　　　　　　　　　　[ボイド 〜02:14]
愛の追い風が吹く。好きなことができる。

**22** 土 　愛の日
愛について嬉しいことがある。子育て、趣味、創作にも追い風が。

**23** 日 　愛の日 ▶ メンテナンスの日 　　　　　　　[ボイド 13:08〜14:56]
「やりたいこと」から「やるべきこと」へのシフト。
◆金星が「家」のハウスで逆行開始。大切な人との心の交流を「回
復」する作業へ。◆太陽が「家」のハウスへ。1年のサイクルの中で
「居場所・家・心」を整備し直すとき。

**24** 月 　メンテナンスの日
生活や心身の故障部分を修理できる。ケアしたり、されたり。

**25** 火 　メンテナンスの日
生活や心身の故障部分を修理できる。ケアしたり、されたり。

**26** 水 　◑ メンテナンスの日 ▶ 人に会う日 　　　　[ボイド 00:07〜01:57]
「自分の世界」から「外界」へ出るような節目。

**27** 木 　人に会う日
人に会ったり、会う約束をしたりする日。出会いの気配も。

**28** 金 　人に会う日 ▶ プレゼントの日 　　　　　　　[ボイド 07:38〜09:26]
他者との関係に、さらに一歩踏み込めるように。

**29** 土 　プレゼントの日
人から貴重なものを受け取れる。提案を受ける場面も。
◆水星が「愛」のハウスへ。愛に関する学び、教育。若々しい創造
性、遊び。知的創造。

**30** 日 　プレゼントの日 ▶ 旅の日 　　　　　　　　　[ボイド 08:53〜12:46]
遠い場所との間に、橋が架かり始める。

**31** 月 　旅の日
遠出したり、遠くから人が訪ねてくれたりする日。発信力も増す。

# 8 · AUGUST ·

| 1 | 火 | 旅の日 ▶ 達成の日 | [ボイド 11:14〜12:59] |
|---|---|---|---|
| | | 意欲が湧く。はっきりした成果が出る時間へ。 | |

| 2 | 水 | ○達成の日 |
|---|---|---|
| | | 目標に手が届く。結果が出る日。人から認められる場面も。<br>☽「目標と結果」のハウスで満月。目標達成のとき。社会的立場が一段階上がるような節目。 |

| 3 | 木 | 達成の日 ▶ 友だちの日 | [ボイド 06:17〜12:07] |
|---|---|---|---|
| | | 肩の力が抜け、伸びやかな気持になれる。 | |

| 4 | 金 | 友だちの日 |
|---|---|---|
| | | 未来のプランを立てる。友だちと過ごせる。チームワーク。 |

| 5 | 土 | 友だちの日 ▶ ひみつの日 | [ボイド 10:22〜12:21] |
|---|---|---|---|
| | | ざわめきから少し離れたくなる。自分の時間。 | |

| 6 | 日 | ひみつの日 |
|---|---|---|
| | | 一人の時間。過去を振り返り、戦略を練る。自分を大事にする。 |

| 7 | 月 | ひみつの日 ▶ スタートの日 | [ボイド 13:14〜15:26] |
|---|---|---|---|
| | | 新しいことを始めやすい時間に切り替わる。 | |

| 8 | 火 | ☽スタートの日 |
|---|---|---|
| | | 主役の意識で動く。新しい選択肢を選べる。気持ちが切り替わる。 |

| 9 | 水 | スタートの日 ▶ お金の日 | [ボイド 19:40〜22:07] |
|---|---|---|---|
| | | 物質面・経済活動が活性化する時間に入る。 | |

| 10 | 木 | お金の日 |
|---|---|---|
| | | いわゆる「金運がいい」日。実入りが良く、いい買い物もできそう。 |

| 11 | 金 | お金の日 |
|---|---|---|
| | | いわゆる「金運がいい」日。実入りが良く、いい買い物もできそう。 |

| 12 | 土 | お金の日 ▶ メッセージの日 | [ボイド 02:29〜07:54] |
|---|---|---|---|
| | | 「動き」が出てくる。コミュニケーションの活性。 | |

| 13 | 日 | メッセージの日 |
|---|---|---|
| | | 待っていた朗報が届く。勉強が捗る。外に出たくなる日。 |

| 14 | 月 | メッセージの日 ▶ 家の日 | [ボイド 16:48〜19:38] |
|---|---|---|---|
| | | 生活環境や身内に目が向かう。原点回帰。 | |

| 15 | 火 | 家の日 |
|---|---|---|
| | | 「普段の生活」が充実。身内との関係強化。環境改善ができる。 |

| 16 | 水 | ●家の日 | [ボイド 18:40〜] |
|---|---|---|---|
| | | 「普段の生活」が充実。身内との関係強化。環境改善ができる。<br>☽「家」のハウスで新月。心の置き場所が新たに定まる。日常に新しい風が吹き込む。 | |

| 17 | 木 | 家の日 ▶ 愛の日 | [ボイド 〜08:16] |
|---|---|---|---|
| | | 愛の追い風が吹く。好きなことができる。 | |

**18** 金 愛の日
愛について嬉しいことがある。子育て、趣味、創作にも追い風が。

**19** 土 愛の日 ▶ メンテナンスの日 [ボイド 17:52〜20:55]
「やりたいこと」から「やるべきこと」へのシフト。

**20** 日 メンテナンスの日
生活や心身の故障部分を修理できる。ケアしたり、されたり。

**21** 月 メンテナンスの日
生活や心身の故障部分を修理できる。ケアしたり、されたり。

**22** 火 メンテナンスの日 ▶ 人に会う日 [ボイド 05:33〜08:24]
「自分の世界」から「外界」へ出るような節目。

**23** 水 人に会う日
人に会ったり、会う約束をしたりする日。出会いの気配も。
◆太陽が「愛」のハウスへ。1年のサイクルの中で「愛・喜び・創造性」を再生するとき。

**24** 木 ◐人に会う日 ▶ プレゼントの日 [ボイド 14:12〜17:09]
他者との関係に、さらに一歩踏み込めるように。
◆水星が「愛」のハウスで逆行開始。失われた愛や喜びが「復活」するかも。創造的熟成。

**25** 金 プレゼントの日
人から貴重なものを受け取れる。提案を受ける場面も。

**26** 土 プレゼントの日 ▶ 旅の日 [ボイド 20:58〜22:07]
遠い場所との間に、橋が架かり始める。

**27** 日 旅の日
遠出したり、遠くから人が訪ねてくれたりする日。発信力も増す。
◆火星が「任務」のハウスへ。多忙期へ。長く走り続けるための必要条件を、戦って勝ち取る。

**28** 月 旅の日 ▶ 達成の日 [ボイド 20:51〜23:33]
意欲が湧く。はっきりした成果が出る時間へ。

**29** 火 達成の日
目標に手が届く。結果が出る日。人から認められる場面も。
◆天王星が「自分」のハウスで逆行開始。自由や反骨精神への疑念と内省。自由の再定義。

**30** 水 達成の日 ▶ 友だちの日 [ボイド 12:06〜22:58]
肩の力が抜け、伸びやかな気持ちになれる。

**31** 木 ○友だちの日
未来のプランを立てる。友だちと過ごせる。チームワーク。
☽「夢と友」のハウスで満月。希望してきた条件が整う。友や仲間への働きかけが「実る」。

# 9 • SEPTEMBER •

| 1 金 | 友だちの日 ▶ ひみつの日 　　　　　　　　　　　　　　　[ボイド 19:37〜22:26] |
|---|---|
| | ざわめきから少し離れたくなる。自分の時間。 |

| 2 土 | ひみつの日 |
|---|---|
| | 一人の時間。過去を振り返り、戦略を練る。自分を大事にする。 |

| 3 日 | ひみつの日 　　　　　　　　　　　　　　　　　　　　　　[ボイド 20:58〜] |
|---|---|
| | 一人の時間。過去を振り返り、戦略を練る。自分を大事にする。 |

| 4 月 | ひみつの日 ▶ スタートの日 　　　　　　　　　　　　　　　[ボイド 〜00:01] |
|---|---|
| | 新しいことを始めやすい時間に切り替わる。<br>◆金星が「家」のハウスで順行へ。居場所の空気が和らぎ、あたたかさが増していく。◆木星が「自分」のハウスで逆行開始。「耕耘期」が一時的に熟成期間に入る。内側の成長。 |

| 5 火 | スタートの日 |
|---|---|
| | 主役の意識で動く。新しい選択肢を選べる。気持ちが切り替わる。 |

| 6 水 | スタートの日 ▶ お金の日 　　　　　　　　　　　　　[ボイド 01:48〜05:08] |
|---|---|
| | 物質面・経済活動が活性化する時間に入る。 |

| 7 木 | ◑お金の日 |
|---|---|
| | いわゆる「金運がいい」日。実入りが良く、いい買い物もできそう。 |

| 8 金 | お金の日 ▶ メッセージの日 　　　　　　　　　　　[ボイド 07:23〜14:01] |
|---|---|
| | 「動き」が出てくる。コミュニケーションの活性。 |

| 9 土 | メッセージの日 |
|---|---|
| | 待っていた朗報が届く。勉強が捗る。外に出たくなる日。 |

| 10 日 | メッセージの日 　　　　　　　　　　　　　　　　　　[ボイド 21:49〜] |
|---|---|
| | 待っていた朗報が届く。勉強が捗る。外に出たくなる日。 |

| 11 月 | メッセージの日 ▶ 家の日 　　　　　　　　　　　　　　　[ボイド 〜01:38] |
|---|---|
| | 生活環境や身内に目が向かう。原点回帰。 |

| 12 火 | 家の日 |
|---|---|
| | 「普段の生活」が充実。身内との関係強化。環境改善ができる。 |

| 13 水 | 家の日 ▶ 愛の日 　　　　　　　　　　　　　　　[ボイド 00:07〜14:20] |
|---|---|
| | 愛の追い風が吹く。好きなことができる。 |

| 14 木 | 愛の日 |
|---|---|
| | 愛について嬉しいことがある。子育て、趣味、創作にも追い風が。 |

| 15 金 | 愛の日 　　　　　　　　　　　　　　　　　　　　　　[ボイド 22:51〜] |
|---|---|
| | 愛について嬉しいことがある。子育て、趣味、創作にも追い風が。<br>●「愛」のハウスで新月。愛が「生まれる」ようなタイミング。大切なものと結びつく。 |

| 16 土 | 愛の日 ▶ メンテナンスの日 　　　　　　　　　　　　　[ボイド 〜02:46] |
|---|---|
| | 「やりたいこと」から「やるべきこと」へのシフト。<br>◆水星が「愛」のハウスで順行へ。愛や創造的活動の「前進再開」。発言力が強まる。 |

**17** 日 メンテナンスの日
生活や心身の故障部分を修理できる。ケアしたり、されたり。

**18** 月 メンテナンスの日 ▶ 人に会う日 [ボイド 10:08〜14:00]
「自分の世界」から「外界」へ出るような節目。

**19** 火 人に会う日
人に会ったり、会う約束をしたりする日。出会いの気配も。

**20** 水 人に会う日 ▶ プレゼントの日 [ボイド 19:23〜23:08]
他者との関係に、さらに一歩踏み込めるように。

**21** 木 プレゼントの日
人から貴重なものを受け取れる。提案を受ける場面も。

**22** 金 プレゼントの日
人から貴重なものを受け取れる。提案を受ける場面も。

**23** 土 ◗プレゼントの日 ▶ 旅の日 [ボイド 04:33〜05:22]
遠い場所との間に、橋が架かり始める。
◆太陽が「任務」のハウスへ。1年のサイクルの中で「健康・任務・日常」を再構築するとき。

**24** 日 旅の日
遠出したり、遠くから人が訪ねてくれたりする日。発信力も増す。

**25** 月 旅の日 ▶ 達成の日 [ボイド 05:07〜08:31]
意欲が湧く。はっきりした成果が出る時間へ。

**26** 火 達成の日 [ボイド 21:40〜]
目標に手が届く。結果が出る日。人から認められる場面も。

**27** 水 達成の日 ▶ 友だちの日 [ボイド 〜09:20]
肩の力が抜け、伸びやかな気持ちになれる。

**28** 木 友だちの日
未来のプランを立てる。友だちと過ごせる。チームワーク。

**29** 金 ○友だちの日 ▶ ひみつの日 [ボイド 05:59〜09:19]
ざわめきから少し離れたくなる。自分の時間。
◗「ひみつ」のハウスで満月。時間をかけて治療してきた傷が癒える。自他を赦し赦される。

**30** 土 ひみつの日
一人の時間。過去を振り返り、戦略を練る。自分を大事にする。

# 10 ·OCTOBER·

| | | |
|---|---|---|
| 1 | 日 | ひみつの日 ▶ スタートの日 [ボイド 06:51〜10:20]<br>新しいことを始めやすい時間に切り替わる。 |
| 2 | 月 | スタートの日<br>主役の意識で動く。新しい選択肢を選べる。気持ちが切り替わる。 |
| 3 | 火 | スタートの日 ▶ お金の日 [ボイド 10:21〜14:05]<br>物質面・経済活動が活性化する時間に入る。 |
| 4 | 水 | お金の日<br>いわゆる「金運がいい」日。実入りが良く、いい買い物もできそう。 |
| 5 | 木 | お金の日 ▶ メッセージの日 [ボイド 15:36〜21:33]<br>「動き」が出てくる。コミュニケーションの活性。<br>◆水星が「任務」のハウスへ。日常生活の整理、整備、健康チェック。心身の調律。 |
| 6 | 金 | ◐メッセージの日<br>待っていた朗報が届く。勉強が捗る。外に出たくなる日。 |
| 7 | 土 | メッセージの日<br>待っていた朗報が届く。勉強が捗る。外に出たくなる日。 |
| 8 | 日 | メッセージの日 ▶ 家の日 [ボイド 04:13〜08:26]<br>生活環境や身内に目が向かう。原点回帰。 |
| 9 | 月 | 家の日<br>「普段の生活」が充実。身内との関係強化。環境改善ができる。<br>◆金星が「愛」のハウスへ。華やかな愛の季節の始まり。創造的活動への強い追い風。 |
| 10 | 火 | 家の日 ▶ 愛の日 [ボイド 18:38〜21:03]<br>愛の追い風が吹く。好きなことができる。 |
| 11 | 水 | 愛の日<br>愛について嬉しいことがある。子育て、趣味、創作にも追い風が。<br>◆冥王星が「旅」のハウスで順行へ。深い謎を解くための旅の再開。遠い場所への憧れ。 |
| 12 | 木 | 愛の日<br>愛について嬉しいことがある。子育て、趣味、創作にも追い風が。<br>◆火星が「他者」のハウスへ。摩擦を怖れぬ対決。一対一の勝負。攻めの交渉。他者からの刺激。 |
| 13 | 金 | 愛の日 ▶ メンテナンスの日 [ボイド 05:12〜09:24]<br>「やりたいこと」から「やるべきこと」へのシフト。 |
| 14 | 土 | メンテナンスの日<br>生活や心身の故障部分を修理できる。ケアしたり、されたり。 |
| 15 | 日 | ●メンテナンスの日 ▶ 人に会う日 [ボイド 16:03〜20:06]<br>「自分の世界」から「外界」へ出るような節目。<br>☽「任務」のハウスで日食。特別な形で新しい生活が始まる。心身の健康が転換点に。 |

82

**16** 月 人に会う日
人に会ったり、会う約束をしたりする日。出会いの気配も。

**17** 火 人に会う日
人に会ったり、会う約束をしたりする日。出会いの気配も。

**18** 水 人に会う日 ▶ プレゼントの日　　　　　　　　[ボイド 00:45〜04:38]
他者との関係に、さらに一歩踏み込めるように。

**19** 木 プレゼントの日
人から貴重なものを受け取れる。提案を受ける場面も。

**20** 金 プレゼントの日 ▶ 旅の日　　　　　　　　　[ボイド 04:04〜10:56]
遠い場所との間に、橋が架かり始める。

**21** 土 旅の日
遠出したり、遠くから人が訪ねてくれたりする日。発信力も増す。

**22** 日 ◑旅の日 ▶ 達成の日　　　　　　　　　　　[ボイド 15:02〜15:08]
意欲が湧く。はっきりした成果が出る時間へ。
◆水星が「他者」のハウスへ。正面から向き合う対話。調整のための交渉。若い人との出会い。

**23** 月 達成の日
目標に手が届く。結果が出る日。人から認められる場面も。

**24** 火 達成の日 ▶ 友だちの日　　　　　　　　　　[ボイド 04:06〜17:35]
肩の力が抜け、伸びやかな気持ちになれる。
◆太陽が「他者」のハウスへ。1年のサイクルの中で人間関係を「結び直す」とき。

**25** 水 友だちの日
未来のプランを立てる。友だちと過ごせる。チームワーク。

**26** 木 友だちの日 ▶ ひみつの日　　　　　　　　　[ボイド 15:41〜19:03]
ざわめきから少し離れたくなる。自分の時間。

**27** 金 ひみつの日
一人の時間。過去を振り返り、戦略を練る。自分を大事にする。

**28** 土 ひみつの日 ▶ スタートの日　　　　　　　　[ボイド 17:21〜20:46]
新しいことを始めやすい時間に切り替わる。

**29** 日 ○スタートの日
主役の意識で動く。新しい選択肢を選べる。気持ちが切り替わる。
☽「自分」のハウスで月食。時が満ちて、不思議な「羽化・変身」を遂げられるとき。

**30** 月 スタートの日　　　　　　　　　　　　　　[ボイド 20:37〜]
主役の意識で動く。新しい選択肢を選べる。気持ちが切り替わる。

**31** 火 スタートの日 ▶ お金の日　　　　　　　　　[ボイド 〜00:09]
物質面・経済活動が活性化する時間に入る。

# 11 ·NOVEMBER·

**1** 水 お金の日 [ボイド 21:38〜]
いわゆる「金運がいい」日。実入りが良く、いい買い物もできそう。

**2** 木 お金の日 ▶ メッセージの日 [ボイド 〜06:32]
「動き」が出てくる。コミュニケーションの活性。

**3** 金 メッセージの日
待っていた朗報が届く。勉強が捗る。外に出たくなる日。

**4** 土 メッセージの日 ▶ 家の日 [ボイド 12:29〜16:23]
生活環境や身内に目が向かう。原点回帰。
◆土星が「夢と友」のハウスで順行へ。夢を現実に変えてゆくプロセスの再開。現実的希望。

**5** 日 ◗家の日
「普段の生活」が充実。身内との関係強化。環境改善ができる。

**6** 月 家の日 [ボイド 16:27〜]
「普段の生活」が充実。身内との関係強化。環境改善ができる。

**7** 火 家の日 ▶ 愛の日 [ボイド 〜04:41]
愛の追い風が吹く。好きなことができる。

**8** 水 愛の日
愛について嬉しいことがある。子育て、趣味、創作にも追い風が。
◆金星が「任務」のハウスへ。美しい生活スタイルの実現。美のための習慣。楽しい仕事。

**9** 木 愛の日 ▶ メンテナンスの日 [ボイド 13:57〜17:10]
「やりたいこと」から「やるべきこと」へのシフト。

**10** 金 メンテナンスの日
生活や心身の故障部分を修理できる。ケアしたり、されたり。
◆水星が「ギフト」のハウスへ。利害のマネジメント。コンサルテーション。カウンセリング。

**11** 土 メンテナンスの日
生活や心身の故障部分を修理できる。ケアしたり、されたり。

**12** 日 メンテナンスの日 ▶ 人に会う日 [ボイド 00:07〜03:41]
「自分の世界」から「外界」へ出るような節目。

**13** 月 ●人に会う日
人に会ったり、会う約束をしたりする日。出会いの気配も。
◗「他者」のハウスで新月。出会いのとき。誰かとの関係が刷新。未来への約束を交わす。

**14** 火 人に会う日 ▶ プレゼントの日 [ボイド 08:05〜11:25]
他者との関係に、さらに一歩踏み込めるように。

**15** 水 プレゼントの日
人から貴重なものを受け取れる。提案を受ける場面も。

**16** 木　プレゼントの日 ▶ 旅の日　　　　　　　　　　　[ボイド 07:59〜16:43]
遠い場所との間に、橋が架かり始める。

**17** 金　旅の日
遠出したり、遠くから人が訪ねてくれたりする日。発信力も増す。

**18** 土　旅の日 ▶ 達成の日　　　　　　　　　　　　[ボイド 17:29〜20:29]
意欲が湧く。はっきりした成果が出る時間へ。

**19** 日　達成の日
目標に手が届く。結果が出る日。人から認められる場面も。

**20** 月　●達成の日 ▶ 友だちの日　　　　　　　　　　[ボイド 19:52〜23:31]
肩の力が抜け、伸びやかな気持ちになれる。

**21** 火　友だちの日
未来のプランを立てる。友だちと過ごせる。チームワーク。

**22** 水　友だちの日
未来のプランを立てる。友だちと過ごせる。チームワーク。
◆太陽が「ギフト」のハウスへ。1年のサイクルの中で経済的授受のバランスを見直すとき。

**23** 木　友だちの日 ▶ ひみつの日　　　　　　　　　　[ボイド 00:11〜02:21]
ざわめきから少し離れたくなる。自分の時間。

**24** 金　ひみつの日
一人の時間。過去を振り返り、戦略を練る。自分を大事にする。
◆火星が「ギフト」のハウスへ。誘惑と情熱の呼応。生命の融合。精神的支配。配当。負債の解消。

**25** 土　ひみつの日 ▶ スタートの日　　　　　　　　　[ボイド 02:42〜05:30]
新しいことを始めやすい時間に切り替わる。

**26** 日　スタートの日
主役の意識で動く。新しい選択肢を選べる。気持ちが切り替わる。

**27** 月　○スタートの日 ▶ お金の日　　　　　　　　　[ボイド 06:53〜09:42]
物質面・経済活動が活性化する時間に入る。
☽「生産」のハウスで満月。経済的・物質的な努力が実り、収穫が得られる。豊かさ、満足。

**28** 火　お金の日
いわゆる「金運がいい」日。実入りが良く、いい買い物もできそう。

**29** 水　お金の日 ▶ メッセージの日　　　　　　　　　[ボイド 10:05〜15:55]
「動き」が出てくる。コミュニケーションの活性。

**30** 木　メッセージの日
待っていた朗報が届く。勉強が捗る。外に出たくなる日。

# 12 •DECEMBER•

| | | | |
|---|---|---|---|
| 1 | 金 | メッセージの日 | [ボイド 22:08〜] |
| | | 待っていた朗報が届く。勉強が捗る。外に出たくなる日。<br>✦水星が「旅」のハウスへ。軽やかな旅立ち。勉強や研究に追い風が。導き手に恵まれる。 | |
| 2 | 土 | メッセージの日 ▶ 家の日 | [ボイド 〜01:02] |
| | | 生活環境や身内に目が向かう。原点回帰。 | |
| 3 | 日 | 家の日 | |
| | | 「普段の生活」が充実。身内との関係強化。環境改善ができる。 | |
| 4 | 月 | 家の日 ▶ 愛の日 | [ボイド 11:13〜12:52] |
| | | 愛の追い風が吹く。好きなことができる。 | |
| 5 | 火 | ◑愛の日 | |
| | | 愛について嬉しいことがある。子育て、趣味、創作にも追い風が。<br>✦金星が「他者」のハウスへ。人間関係から得られる喜び。愛あるパートナーシップ。 | |
| 6 | 水 | 愛の日 | [ボイド 22:52〜] |
| | | 愛について嬉しいことがある。子育て、趣味、創作にも追い風が。<br>✦海王星が「夢と友」のハウスで順行へ。希望の光が射し始める。人の心の美しさに触れる。 | |
| 7 | 木 | 愛の日 ▶ メンテナンスの日 | [ボイド 〜01:36] |
| | | 「やりたいこと」から「やるべきこと」へのシフト。 | |
| 8 | 金 | メンテナンスの日 | |
| | | 生活や心身の故障部分を修理できる。ケアしたり、されたり。 | |
| 9 | 土 | メンテナンスの日 ▶ 人に会う日 | [ボイド 10:07〜12:36] |
| | | 「自分の世界」から「外界」へ出るような節目。 | |
| 10 | 日 | 人に会う日 | |
| | | 人に会ったり、会う約束をしたりする日。出会いの気配も。 | |
| 11 | 月 | 人に会う日 ▶ プレゼントの日 | [ボイド 17:59〜20:13] |
| | | 他者との関係に、さらに一歩踏み込めるように。 | |
| 12 | 火 | プレゼントの日 | |
| | | 人から貴重なものを受け取れる。提案を受ける場面も。 | |
| 13 | 水 | ●プレゼントの日 | [ボイド 15:50〜] |
| | | 人から貴重なものを受け取れる。提案を受ける場面も。<br>☽「ギフト」のハウスで新月。心の扉を開く。誰かに導かれての経験。ギフトから始まること。✦水星が「旅」のハウスで逆行開始。後戻りする旅、再訪。再研究、再発見。迷路。 | |
| 14 | 木 | プレゼントの日 ▶ 旅の日 | [ボイド 〜00:33] |
| | | 遠い場所との間に、橋が架かり始める。 | |
| 15 | 金 | 旅の日 | |
| | | 遠出したり、遠くから人が訪ねてくれたりする日。発信力も増す。 | |

**16** 土 旅の日 ▶ 達成の日 [ボイド 01:05〜02:58]
意欲が湧く。はっきりした成果が出る時間へ。

**17** 日 達成の日 [ボイド 21:05〜]
目標に手が届く。結果が出る日。人から認められる場面も。

**18** 月 達成の日 ▶ 友だちの日 [ボイド 〜05:00]
肩の力が抜け、伸びやかな気持ちになれる。

**19** 火 友だちの日
未来のプランを立てる。友だちと過ごせる。チームワーク。

**20** 水 ●友だちの日 ▶ ひみつの日 [ボイド 06:05〜07:48]
ざわめきから少し離れたくなる。自分の時間。

**21** 木 ひみつの日
一人の時間。過去を振り返り、戦略を練る。自分を大事にする。

**22** 金 ひみつの日 ▶ スタートの日 [ボイド 11:49〜11:52]
新しいことを始めやすい時間に切り替わる。
◆太陽が「旅」のハウスへ。1年のサイクルの中で「精神的成長」を
確認するとき。

**23** 土 スタートの日
主役の意識で動く。新しい選択肢を選べる。気持ちが切り替わる。
◆逆行中の水星が「ギフト」のハウスに。負債の精算、気になってい
た負い目を解消できる。

**24** 日 スタートの日 ▶ お金の日 [ボイド 15:41〜17:16]
物質面・経済活動が活性化する時間に入る。

**25** 月 お金の日
いわゆる「金運がいい」日。実入りが良く、いい買い物もできそう。

**26** 火 お金の日 [ボイド 16:57〜]
いわゆる「金運がいい」日。実入りが良く、いい買い物もできそう。

**27** 水 ○お金の日 ▶ メッセージの日 [ボイド 〜00:17]
「動き」が出てくる。コミュニケーションの活性。
●「コミュニケーション」のハウスで満月。重ねてきた勉強や対話が
実を結ぶとき。意思疎通が叶う。

**28** 木 メッセージの日
待っていた朗報が届く。勉強が捗る。外に出たくなる日。

**29** 金 メッセージの日 ▶ 家の日 [ボイド 07:59〜09:25]
生活環境や身内に目が向かう。原点回帰。

**30** 土 家の日
「普段の生活」が充実。身内との関係強化。環境改善ができる。
◆金星が「ギフト」のハウスへ。欲望の解放と調整、他者への要求、
他者からの要求。甘え。

**31** 日 家の日 ▶ 愛の日 [ボイド 14:20〜20:55]
愛の追い風が吹く。好きなことができる。
◆木星が「自分」のハウスで順行へ。「耕耘期」のプロセスが前進に
転じる。ゴーサイン。

## 参考　カレンダー解説の文字・線の色

あなたの星座にとって星の動きがどんな意味を
持つか、わかりやすくカレンダーに書き込んで
みたのが、P.89からの「カレンダー解説」です。
色分けは厳密なものではありませんが、だいた
い以下のようなイメージで分けられています。

### ―― 赤色
インパクトの強い出来事、意欲や情熱、
パワーが必要な場面。

### ―― 水色
ビジネスや勉強、コミュニケーションなど、
知的な活動に関すること。

### ―― 紺色
重要なこと、長期的に大きな意味のある変化。
精神的な変化、健康や心のケアに関すること。

### ―― 緑色
居場所、家族に関すること。

### ―― ピンク色
愛や人間関係に関すること。嬉しいこと。

### ―― オレンジ色
経済活動、お金に関すること。

# 牡牛座 2023年の
# カレンダー解説

● 解説の文字・線の色のイメージは P.88 をご参照下さい ●

# 1 ・JANUARY・

| mon | tue | wed | thu | fri | sat | sun |
|-----|-----|-----|-----|-----|-----|-----|
|     |     |     |     |     |     | 1   |
| 2   | 3   | 4   | 5   | 6   | 7   | 8   |
| 9   | 10  | 11  | 12  | 13  | 14  | 15  |
| 16  | 17  | 18  | 19  | 20  | 21  | ㉒  |
| 23  | 24  | 25  | 26  | 27  | 28  | 29  |
| 30  | 31  |     |     |     |     |     |

1/3–1/27　素敵なチャンスが巡ってきそう。これまでの努力が評価され、新しいステージに押し出されるような展開も。

1/22　新しいミッションがスタートする。長期的な目標を掲げる。評価されてのステップアップ。

1/27–2/20　絶好調の季節。意欲が湧き、人間関係にも恵まれる。明るい展望が開ける。夢を大切に。

# 2 ・FEBRUARY・

| mon | tue | wed | thu | fri | sat | sun |
|-----|-----|-----|-----|-----|-----|-----|
|     |     | 1   | 2   | 3   | 4   | 5   |
| ⑥  | 7   | 8   | 9   | 10  | 11  | 12  |
| 13  | 14  | 15  | 16  | 17  | 18  | 19  |
| 20  | 21  | 22  | 23  | 24  | 25  | 26  |
| 27  | 28  |     |     |     |     |     |

2/6　家族や身近な人との関係がとてもあたたかくなる。居場所に守られている実感を得られる。

2/11–3/3　シャープな活躍の季節。きりっと気持ちが引き締まる。いい形で責任を果たせる。

## 3 ・MARCH・

| mon | tue | wed | thu | fri | sat | sun |
|-----|-----|-----|-----|-----|-----|-----|
|     |     | 1 | 2 | 3 | 4 | 5 |
| 6 | ⑦ | 8 | 9 | 10 | 11 | 12 |
| 13 | 14 | 15 | 16 | 17 | 18 | 19 |
| 20 | 21 | 22 | ㉓ | 24 | 25 | 26 |
| 27 | 28 | 29 | 30 | 31 |     |     |

3/7 ここから2026年頃まで、社会的な視野が広がる季節へ。個人としての社会参加に意識が向かう。

3/7 「愛が満ちる・実る」タイミング。とても嬉しいことが起こりそう。

3/17–4/11 キラキラした楽しい愛の季節。持ち味を活かしやすい。魅力が輝く。

3/23 深い野心に火がつく。ここから長い時間をかけて、社会的立場を大きく変えていくことになるかも。

## 4 ・APRIL・

| mon | tue | wed | thu | fri | sat | sun |
|-----|-----|-----|-----|-----|-----|-----|
|     |     |     |     | 1 | 2 |     |
| 3 | 4 | 5 | 6 | 7 | 8 | 9 |
| 10 | ⑪ | 12 | 13 | 14 | 15 | 16 |
| 17 | 18 | 19 | 20 | ㉑ | 22 | 23 |
| 24 | 25 | 26 | 27 | 28 | 29 | 30 |

4/4–6/11 じっくり時間をかけて学ぶべきこと、語るべきことがありそう。

4/11–5/7 経済的に強い追い風が吹く。強烈な欲が湧いてくるかも。

4/21–5/15 立ち止まってたっぷり時間を使いたい時。焦りは禁物。

# 5 ·MAY·

| mon | tue | wed | thu | fri | sat | sun |
|-----|-----|-----|-----|-----|-----|-----|
| 1 | 2 | 3 | 4 | 5 | ⑥ | ⑦ |
| 8 | 9 | 10 | 11 | 12 | 13 | 14 |
| ⑮ | 16 | 17 | 18 | 19 | ⑳ | 21 |
| 22 | 23 | 24 | 25 | 26 | 27 | 28 |
| 29 | 30 | 31 | | | | |

5/6 人間関係において、意外な展開が起こるかも。既存のバランスから新しいバランスへと移行する。

5/7–5/21 勉強やコミュニケーションに勢いが出る。フットワークよく動ける活動期。

5/15 4月下旬頃から停滞感があった人は、このあたりから前進に転じる。トンネルを抜け出せる。

5/20 特別な星の時間。この日の前後、とても大事なことが始まるかも。

5/17–2024/5/26 約12年に一度訪れる一大ターニングポイント、「耕耘期(こううんき)」の到来。脱皮、飛躍の時。

# 6 ·JUNE·

| mon | tue | wed | thu | fri | sat | sun |
|-----|-----|-----|-----|-----|-----|-----|
| | | | | 1 | 2 | 3 | 4 |
| 5 | 6 | 7 | 8 | 9 | 10 | 11 |
| 12 | 13 | 14 | 15 | 16 | 17 | 18 |
| 19 | 20 | 21 | 22 | 23 | 24 | 25 |
| 26 | 27 | 28 | 29 | 30 | | |

6/5–7/10 家族や身近な人との関係がとてもあたたかくなる。積極的に関わり、愛を育てられる。さらに10/5まで、身近な人との愛に力を注ぐ時。

# 7 ·JULY·

| mon | tue | wed | thu | fri | sat | sun |
|-----|-----|-----|-----|-----|-----|-----|
|     |     |     |     |     | 1   | 2   |
| 3   | 4   | 5   | 6   | 7   | 8   | 9   |
| 10  | 11  | 12  | 13  | 14  | 15  | 16  |
| 17  | 18  | 19  | 20  | 21  | 22  | ㉓  |
| 24  | 25  | 26  | 27  | 28  | ㉙  | 30  |
| 31  |     |     |     |     |     |     |

7/10–8/27　クリエイティブな時間。好きなこと、やりたいことにガンガン打ち込める。才能の開花。

7/23–9/4　プライベートに軸足を置く時。守るべきもの、帰るべき場所、愛を注ぐべき対象を強く意識し、それらのために動ける。

7/29–10/5　才能をストレートに活かせる。自己主張しやすい時。時間をかけて愛する。

# 8 ·AUGUST·

| mon | tue | wed | thu | fri | sat | sun |
|-----|-----|-----|-----|-----|-----|-----|
|     | 1   | ②   | 3   | 4   | 5   | 6   |
| 7   | 8   | 9   | 10  | 11  | 12  | 13  |
| 14  | 15  | 16  | 17  | 18  | 19  | 20  |
| 21  | 22  | 23  | ㉔  | 25  | 26  | 27  |
| 28  | 29  | 30  | 31  |     |     |     |

8/2　目標達成の時。人から認められるような場面も。新たな自信を持てる。

8/24–9/16　失った愛を取り戻せるかも。諦めた夢をもう一度追いかけ始める人も。

## 9 · SEPTEMBER ·

| mon | tue | wed | thu | fri | sat | sun |
|-----|-----|-----|-----|-----|-----|-----|
|     |     |     |     | 1   | 2   | 3   |
| ④   | 5   | 6   | 7   | 8   | 9   | 10  |
| 11  | 12  | 13  | 14  | ⑮   | 16  | 17  |
| 18  | 19  | 20  | 21  | 22  | 23  | 24  |
| 25  | 26  | 27  | 28  | 29  | 30  |     |

9/4 7月下旬頃から停滞や不調を感じていた人は、このあたりから回復基調に。

9/15 「愛が生まれる」タイミング。とても嬉しいことが起こりそう。心躍るスタートライン。

## 10 · OCTOBER ·

| mon | tue | wed | thu | fri | sat | sun |
|-----|-----|-----|-----|-----|-----|-----|
|     |     |     |     |     |     | 1   |
| 2   | 3   | 4   | 5   | 6   | 7   | 8   |
| 9   | 10  | 11  | 12  | 13  | 14  | 15  |
| 16  | 17  | 18  | 19  | 20  | 21  | 22  |
| 23  | 24  | 25  | 26  | 27  | 28  | ㉙   |
| 30  | 31  |     |     |     |     |     |

10/9–11/8 愛や好きなことのために頑張れる時。普段の自分ならば選ばないようなことにも、敢えて挑戦してみたくなるかも。

10/12–11/24 熱い人間関係に「揉まれる」時。人の情熱や積極性を受け取り、自分からも熱を返していける。タフな交渉なども。真剣勝負できる。

10/29 この日の前後、人生の転機を象徴するような出来事が起こるかも。生まれ変わるような体験。大きな決断をする人も。

# 11 • NOVEMBER •

| mon | tue | wed | thu | fri | sat | sun |
|-----|-----|-----|-----|-----|-----|-----|
|     |     | 1   | 2   | 3   | 4   | 5   |
| 6   | 7   | ⑧   | 9   | 10  | 11  | 12  |
| ⑬   | 14  | 15  | 16  | 17  | 18  | 19  |
| 20  | 21  | 22  | 23  | 24  | 25  | 26  |
| 27  | 28  | 29  | 30  |     |     |     |

11/8 パッと気持ちが明るくなる。集中力が出てくる。リズムを取り戻せる。やるべきことが明確になり、意欲が湧いてくる。

11/13 特別な出会いに恵まれるかも。誰かの存在を通して、今の自分を捉え直せる。

# 12 • DECEMBER •

| mon | tue | wed | thu | fri | sat | sun |
|-----|-----|-----|-----|-----|-----|-----|
|     |     |     |     | 1   | 2   | 3   |
| 4   | 5   | 6   | 7   | 8   | 9   | 10  |
| 11  | 12  | 13  | 14  | 15  | 16  | 17  |
| 18  | 19  | 20  | 21  | 22  | 23  | 24  |
| 25  | 26  | ㉗  | 28  | 29  | 30  | ㉛  |

12/5–12/30 人間関係の中で自分を見つめ直せる。人に受け入れられ、人を受け入れることで、成長できる。

12/27 特別な朗報が飛び込んでくるかも。大事なコミュニケーションの時。「応える」ことの意義。

12/31 新年に向けて、気持ちがぐっと前向きに切り替わる。9/4頃から自分の中であたためてきたものがあれば、このあたりから「外に出す」選択ができるかも。

# 2023年のプチ占い（天秤座〜魚座）

**天秤座（9/24-10/23生まれ）**

「出会いの時間」が5月まで続く。公私ともに素敵な出会い・関わりに恵まれる。パートナーを得る人も。6月から10月上旬は交友関係に愛が満ちる。視野が広がり、より大きな場に立つことになる年。

**蠍座（10/24-11/22生まれ）**

特別な「縁」が結ばれる年。不思議な経緯、意外な展開で、公私ともに新しい関わりが増えていく。6月から10月上旬、キラキラのチャンスが巡ってきそう。嬉しい役割を得て、楽しく活躍できる年。

**射手座（11/23-12/21生まれ）**

年の前半は「愛と創造の時間」の中にある。誰かとの真剣勝負に挑んでいる人も。年の半ばを境に、「役割を作る」時間に入る。新たな任務を得ることになりそう。心身の調子が上向く。楽しい冒険旅行も。

**山羊座（12/22-1/20生まれ）**

「居場所を作る」時間が5月まで続く。新たな住処を得る人、家族を得る人も。5月以降は「愛と創造の時間」へ。自分自身を解放するような、大きな喜びを味わえそう。経済的にも上昇気流が生じる。

**水瓶座（1/21-2/19生まれ）**

2020年頃からのプレッシャーから解放される。孤独感が和らぎ、日々を楽しむ余裕を持てる。5月以降は素晴らしい愛と創造の時間へ。人を愛することの喜び、何かを生み出すことの喜びに満ちる。

**魚座（2/20-3/20生まれ）**

強い意志をもって行動できる年。時間をかけてやり遂げたいこと、大きなテーマに出会う。経済的に強い追い風が吹く。年の半ば以降、素晴らしいコミュニケーションが生まれる。自由な学びの年。

（※牡羊座〜乙女座はP.30）

HOSHIORI

# 星のサイクル
## 冥王星

## ✿ 冥王星のサイクル

2023年3月、冥王星が山羊座から水瓶座へと移動を開始します。この後も逆行・順行を繰り返しながら進むため、完全に移動が完了するのは2024年ですが、この3月から既に「水瓶座冥王星時代」に第一歩を踏み出すことになります。冥王星が山羊座入りしたのは2008年、それ以来の時間が、新しい時間へと移り変わってゆくのです。冥王星は根源的な変容、破壊と再生、隠された富、深い欲望などを象徴する星です。2008年はリーマン・ショックで世界が震撼した年でしたが、2023年から2024年もまた、時代の節目となるような象徴的な出来事が起こるのかもしれません。この星が星座から星座へと移動する時、私たちの人生にはどんな変化が感じられるでしょうか。次のページでは冥王星のサイクルを年表で表現し、続くページで各時代があなたの星座にとってどんな意味を持つか、少し詳しく説明しました。そしてさらに肝心の、2023年からの「水瓶座冥王星時代」があなたにとってどんな時間になるか、考えてみたいと思います。

◆◇○◆◇○◆◇○◆◇○◆◇○◆◇○◆◇○◆◇○◆◇○◆◇○◆◇○◆◇○◆◇

## 冥王星のサイクル年表 (詳しくは次のページへ)

| 時　期 | 牡牛座のあなたにとってのテーマ |
|---|---|
| 1912年 - 1939年 | コミュニケーションの「迷路」を抜けてゆく |
| 1937年 - 1958年 | 精神の最深部への下降、子供だった自分との再会 |
| 1956年 - 1972年 | 愛や創造的活動を通して、「もう一人の自分」に出会う |
| 1971年 - 1984年 | 「生活」の根源的ニーズを発見する |
| 1983年 - 1995年 | 他者との出会いにより、人生が変わる |
| 1995年 - 2008年 | 他者の人生と自分の人生の結節点・融合点 |
| 2008年 - 2024年 | 「外部」への出口を探し当てる |
| 2023年 - 2044年 | 人生全体を賭けられる目標を探す |
| 2043年 - 2068年 | 友情、社会的生活の再発見 |
| 2066年 - 2097年 | 内面化された規範意識との対決 |
| 2095年 - 2129年 | キャラクターの再構築 |
| 2127年 - 2159年 | 経済力、価値観、欲望の根本的再生 |

※時期について／冥王星は順行・逆行を繰り返すため、星座の境界線を何度か往復してから移動を完了する。上記の表で、開始時は最初の移動のタイミング、終了時は移動完了のタイミング。

◆◇○◆◇○◆◇○◆◇○◆◇○◆◇○◆◇○◆◇○◆◇○◆◇○◆◇○◆◇○◆◇

◆ **1912-1939年　コミュニケーションの「迷路」を抜けてゆく**
これまで疑問を感じなかったことに、いちいち「?」が浮かぶようになります。「そういうものなのだ」と思い込んでいたことへの疑念が生活の随所に浮上します。そこから思考が深まり、言葉が深みを増し、コミュニケーションが迷路に入り込みます。この迷路を抜けたところに、知的変容が完成します。

◆ **1937-1958年　精神の最深部への下降、子供だった自分との再会**
不意に子供の頃の思い出と感情がよみがえり、その思いに飲み込まれるような状態になりやすい時です。心の階段を一段一段降りてゆき、より深い精神的世界へと触れることになります。この体験を通して、現代の家庭生活や人間関係、日常の風景が大きく変化します。「心」が根源的変容を遂げる時です。

◆ **1956-1972年　愛や創造的活動を通して、「もう一人の自分」に出会う**
圧倒的な愛情が生活全体を飲み込む時です。恋愛、子供への愛、そのほかの存在への愛が、一時的に人生の「すべて」となることもあります。この没入、陶酔、のめり込みの体験を通して、人生が大きく変化します。個人としての感情を狂おしいほど生きられる時間です。創造的な活動を通して財を築く人も。

◆ **1971-1984年　「生活」の根源的ニーズを発見する**
物理的な「身体」、身体の一部としての精神状態、現実的な「暮らし」が、根源的な変容のプロセスに入る時です。常識や社会のルール、責任や義務などへの眼差しが変化します。たとえば過酷な勤務とそこからの離脱を通して、「人生で最も大事にすべきもの」がわかる、といった経験をする人も。

◆ **1983-1995年　他者との出会いにより、人生が変わる**
一対一の人間関係において、火山の噴火のような出来事が起こる時です。人間の内側に秘められたエネルギーが他者との関わりをきっかけとして噴出し、お互いにそれをぶつけ合うような状況が生じることも。その結果、人間として見違えるような変容を遂げることになります。人生を変える出会いの時間です。

◆ **1995-2008年　他者の人生と自分の人生の結節点・融合点**
誰の人生も、自分だけの中に閉じた形で完結していません。他者の人生となんらかの形で融け合い、混じり合い、深く影響を与え合っています。時には境目が曖昧になり、ほとんど一体化することもあります。この時期はそうした「他者の人生との連結・融合」という、特別なプロセスが展開します。

◆ **2008-2024年　「外部」への出口を探し当てる**
「人間はどこから来て、どこに行くのだろう」「宇宙の果てには、何があるのだろう」「死んだ後は、どうなるのだろう」。たとえばそんな問いを、誰もが一度くらいは考えたことがあるはずです。この時期はそうした問いに、深く突っ込んでいくことになります。宗教や哲学などを通して、人生が変わる時です。

◆ **2023-2044年　人生全体を賭けられる目標を探す**
人生において最も大きな山を登る時間です。この社会において自分が持てる最大の力とはどんなものかを、徹底的に追求することになります。社会的成功への野心に、強烈に突き動かされます。「これこそが人生の成功だ」と信じられるイメージが、この時期の体験を通して根本的に変わります。

### ◆ 2043-2068年　友情、社会的生活の再発見

友達や仲間との関わり、「他者」の集団に身を置くことで自分を変えたい、という強い欲求が生まれます。自分を変えてくれるものこそはこれから出会う新たな友人である、というイメージが心を支配します。この広い世界と自分とをどのように結びつけ、居場所を得るかという大問題に立ち向かえる時です。

### ◆ 2066-2097年　内面化された規範意識との対決

自分の中で否定してきたこと、隠蔽してきたこと、背を向けてきたことの全てが、生活の水面上に浮かび上がる時です。たとえば何かが非常に気になったり、あるものを毛嫌いしたりする時、そこには自分の「内なるもの」がありありと映し出されています。精神の解放への扉を、そこに見いだせます。

### ◆ 2095-2129年　キャラクターの再構築

「自分はこういう人間だ」「自分のキャラクターはこれだ」というイメージが根源的に変容する時期です。まず、自分でもコントロールできないような大きな衝動に突き動かされ、「自分らしくないこと」の方向に向かい、その結果、過去の自分のイメージが消え去って、新たなセルフイメージが芽生えます。

### ◆ 2127-2159年　経済力、価値観、欲望の根本的再生

乗り物もない遠方で、突然自分の手では運べないほどの宝物を贈られたら、どうすればいいでしょうか。たとえばそんな課題から変容のプロセスがスタートします。強烈な欲望の体験、膨大な富との接触、その他様々な「所有・獲得」の激しい体験を通して、欲望や価値観自体が根源的に変化する時です。

◆◇◇◆◇◇◆◇◆◇◇◆◇◆◇◇◆◇◆◇◆◇◇◆◇◇◆◇◆◇◇◆◇◇◆◇◆◇◇

## 〜2023年からのあなたの「冥王星時代」〜
# 人生全体を賭けられる目標を探す

　2008年から今に至るまで、「社会」に対する強い意識を燃やしていたかもしれません。政治的に正しい意見を持とうと考えたり、のめり込むようになんらかのテーマについて学び、学んだことを多くの人に伝えなければ、という激しい使命感を抱いた人もいるでしょう。いわゆる「学歴コンプレックス」に囚われたり、法律や社会制度について学び、それを武器とするしかないような状況に置かれたりした人もいたかもしれません。こうした経験はあなたに、「世の中」についての新たな価値観と知見をもたらしたはずです。

　2023年から、そうした強烈な精神的「外部」への欲求が収まりゆく一方で、新たな野心が燃え始めます。「自分自身がこの世界において、何を成し遂げるのか」ということに欲望の焦点が移るのです。これまでは「広い世界を知らなくては」という情熱が燃えていたのが、ここからは「知ったところの広い世界で、自分はどこに立てばいいのか、何者になり得るのか」ということが野心の軸となるのです。具体的には、仕事やキャリ

◆◇◇◆◇◇◆◇◆◇◇◆◇◆◇◇◆◇◆◇◆◇◇◆◇◇◆◇◆◇◇◆◇◇◆◇◆◇◇

アを通して「生まれ変わる」ような体験ができるかも
しれません。非常に大きな仕事に取り組むことになる
かもしれません。大ブレイクを果たすことになるかも
しれません。圧倒的な大成功を収め、そこで得た力に
振り回されるような体験をする人もいるでしょう。仕
事に「魂を乗っ取られる」ような状態になる人もいま
す。社会的に大きな権力を手にしたり、非常に重要な
人物として遇されたりした時、人間は少なからず変わ
ります。たとえば「天狗になる」ようなことも、この
時期は起こりやすいようです。ただ、そうしたバラン
スを欠いた状態は、あくまで一時的なものです。望ん
だ全てのものを得て、それを自分の選択から全て失い、
その先で真に価値あるものをゼロから生み出し、盤石
の社会的立場を築く、といった物語もあり得ます。「な
にものかになりたい」という願いを、多くの人が抱い
ています。その一方で、手に入れれば手に入れるほど
足りないと感じられるのが、「力」や「財」です。限り
なく大きなものを望み、それに本気で向かっていった
時、初めて「本当の自分」が見えてきます。自分以上
でも以下でもない、自分本来の自分に出会う時です。

HOSHIORI

# 12星座プロフィール

# 牡牛座のプロフィール
五感の星座

### キャラクター

◈ 五感の星座

　牡牛座の人々は五感に優れる、とされています。味覚・聴覚・嗅覚・視覚・触覚が敏感で、感覚的な心地良さをどこまでも貪欲に追求する人々です。ゆえに、名コックや音楽家、芸術家など、五感の快美を突き詰めることを業とする専門家になりやすいようです。たとえそうした「職業」に就かなくとも、素人であっても牡牛座の人々は立派な芸術家であり、専門家です。物事を吟味し、楽しみ尽くすことにかけては、牡牛座の右に出る星座はありません。


◈ 豪奢を叶える才能

　たとえたくさんの芸術品や財宝を抱えていても、その「味わい方」がわからなければ、猫に小判、豚に真珠になってしまいます。お金がたくさんあっても、上手に贅沢ができる人もいれば、悪趣味な御殿を建てたり、かえって業突く張りのケチになったりする場合もあります。その点、牡牛座の人々は、いくらたくさんの富を抱えても、ちゃんとそ

の富を味わい、適切に用いることができます。豪奢を豪奢として完成させる力がなければ、富も意味を失ってしまいますが、牡牛座の人々はどんなに少ない富も、どんなに大きな富も、そのポテンシャルを最も良い形で引き出すことができるのです。

### ◆ 一貫性と継続性

牡牛座の人々は、変化を嫌い、一つのことをやり続けることを好みます。粘り強く物事に取り組み、非常に大きな仕事を成し遂げます。

一方、たとえ不愉快なことであったとしても、「新しいことを始めるくらいなら、今のままのほうがいい」と考える人もいます。実際、現在の仕事に限りない不満を言い続けたまま、40年間その仕事を勤め上げてしまう人なども珍しくありません。牡牛座の人はそれほど、物事を「変えない」のです。一方、一旦「変えよう」と決意してしまうと、もうその動きを止めることはできません。内心で「やっぱりやめておこうかな…」と思ったとしても、自分でも動きを止められないのです。

牡牛座の人々は、意見をころころ変えることなく、一貫した考え方を持ち続けます。また、誰かに好意を持ったら、その好意もまた、ずっと続いていきます。ゆえに、真に信

頼に足る人々、とされています。

◆ 穏やかさと、かんしゃく

　非常に穏やかな心を持っていて、めったに怒りません。ですが、一度怒りを発すると、その怒りは周囲を怯え上がらせるほど激しい上、かなり長い時間持続します。自分でも「怒るのを止められない」状態になるのです。「維持する」傾向は、感情の上でも顕著です。喜怒哀楽がどこまでも保たれて続いていき、自分で思うように気持ちを切り替えられないのは、牡牛座の人にとって、場合によっては辛く感じられることもあるようです。

　こうした傾向が「頑固」「強情」と評される場合もありますが、実際、牡牛座の人には意外なほど純朴な面があります。あどけないほどの素直さで人の言葉に耳を傾け、丸ごと受け入れてしまう、といったことが時々、起こります。自信のないことや未経験のことに触れたとき、そんなことが起こりやすいようです。

◆ 現実に立つ

　五感が物質と結びつき、物質は現実と結びついています。牡牛座の人は観念に飲み込まれることなく、目の前の現実をいつも直視しています。快美を愛する一方で、「リアル」

を見失うことがないのです。

## ◆ 金星

　愛と美の星・金星が、牡牛座の支配星です。牡牛座の人々が美しいものや心地良いものを愛し、芸術に親しむのは、この星のもとに生まれているからだと考えると、いかにも納得がいきます。

　金星はヴィーナス、ギリシャ神話ではアプロディテと呼ばれる、愛と美の神様です。戦いを嫌い平和を望む、美しい女神です。

## ◆ 牡牛座の神話

　美少女エウロパに恋をした大神ゼウスは、彼女を驚かさないよう一計を案じ、真っ白な美しい牡牛に姿を変えて、海辺で遊ぶ彼女にそっと近づきました。するとエウロパは牡牛に興味を示し、やがてうちとけて、ふざけながら背中にまたがりました。

　すると牡牛は一気に海に向かって走り出し、そのまま彼女をさらって、海を越えました。やがて辿り着いた陸地で、ゼウスと彼女とは愛し合い、子どもが生まれました。ゼウスと美少女エウロパが辿り着いた陸地は、彼女の名前を取

って「ヨーロッパ」と呼ばれるようになりました。

　牛は古来、耕作や豊かさと結びつけられ、人々の信仰の対象でした。「聖なる牛」は、牡牛座の人々の美への関心とともに、その「生産力」も表しているのかもしれません。

### 牡牛座の才能

　偽物の多い世の中ですが、牡牛座の人の中には「本物」「いいもの」を選び分ける特別な才能を持つ人が少なくありません。アーティスティックな才能に恵まれている人も多いようです。また、知識や情報をしっかり体系的に蓄積し、それを自由自在に使うことができる、という能力も備わっています。知的活動においても多くの「在庫」を持つ傾向があるのです。一度興味を持つとずっとそのことに関心を持ち続けます。途切れることなく継続的に、とてもよく学ぶ人が多い星座です。

**牡羊座** はじまりの星座　　　　　　　　　I am.

**素敵なところ**

裏表がなく純粋で、自他を比較しません。明るく前向きで、正義感が強く、諍いのあともさっぱりしています。欲しいものを欲しいと言える勇気、自己主張する勇気、誤りを認める勇気の持ち主です。

**キーワード**

勢い／勝負／果断／負けず嫌い／せっかち／能動的／スポーツ／ヒーロー・ヒロイン／華やかさ／アウトドア／草原／野生／丘陵／動物愛／議論好き／肯定的／帽子・頭部を飾るもの／スピード／赤

 **牡牛座** 五感の星座　　　　　　　　　I have.

**素敵なところ**

感情が安定していて、態度に一貫性があります。知識や経験をたゆまずゆっくり、たくさん身につけます。穏やかでも不思議な存在感があり、周囲の人を安心させます。美意識が際立っています。

**キーワード**

感覚／色彩／快さ／リズム／マイペース／芸術／暢気(のんき)／贅沢／コレクション／一貫性／素直さと頑固さ／価値あるもの／美声・歌／料理／庭造り／変化を嫌う／積み重ね／エレガント／レモン色／白

 **双子座** 知と言葉の星座　　　　　　　　　I think.

**素敵なところ**

イマジネーション能力が高く、言葉と物語を愛するユニークな人々です。フットワークが良く、センサーが敏感で、いくつになっても若々しく見えます。場の空気・状況を変える力を持っています。

**キーワード**

言葉／コミュニケーション／取引・ビジネス／相対性／比較／関連づけ／物語／比喩／移動／旅／ジャーナリズム／靴／天使・翼／小鳥／桜色／桃色／空色／文庫本／文房具／手紙

## 蟹座　感情の星座

I feel.

### 素敵なところ

心優しく、共感力が強く、人の世話をするときに手間を惜しみません。行動力に富み、人にあまり相談せずに大胆なアクションを起こすことがありますが、「聞けばちゃんと応えてくれる」人々です。

### キーワード

感情／変化／月／守護・保護／日常生活／行動力／共感／安心／繰り返すこと／拒否／生活力／フルーツ／アーモンド／巣穴／胸部、乳房／乳白色／銀色／真珠

## 獅子座　意思の星座

I will.

### 素敵なところ

太陽のように肯定的で、安定感があります。深い自信を持っており、側にいる人を安心させることができます。人を頷かせる力、一目置かせる力、パワー感を持っています。内面には非常に繊細な部分も。

### キーワード

強さ／クールさ／肯定的／安定感／ゴールド／背中／自己表現／演技／芸術／暖炉／広場／人の集まる賑やかな場所／劇場・舞台／お城／愛／子供／緋色／パープル／緑

## 乙女座　分析の星座

I analyze.

### 素敵なところ

一見クールに見えるのですが、とても優しく世話好きな人々です。他者に対する観察眼が鋭く、シャープな批評を口にしますが、その相手の変化や成長を心から喜べる、「教育者」の顔を持っています。

### キーワード

感受性の鋭さ／「気が利く」人／世話好き／働き者／デザイン／コンサバティブ／胃腸／神経質／分析／調合／変化／回復の早さ／迷いやすさ／研究家／清潔／ブルーブラック／空色／桃色

**天秤座** 関わりの星座          I balance.

**素敵なところ**

高い知性に恵まれると同時に、人に対する深い愛を抱いています。視野が広く、客観性を重視し、細やかな気遣いができます。内側には熱い情熱を秘めていて、個性的なこだわりや競争心が強い面も。

**キーワード**

人間関係／客観視／合理性／比較対象／美／吟味／審美眼／評価／選択／平和／交渉／結婚（いさか）／諍い／調停／パートナーシップ／契約／洗練／豪奢／黒／芥子色（からし）／深紅色／水色／薄い緑色／ベージュ

 **蠍座** 情熱の星座          I desire.

**素敵なところ**

意志が強く、感情に一貫性があり、愛情深い人々です。一度愛したものはずっと長く愛し続けることができます。信頼に足る、芯の強さを持つ人です。粘り強く努力し、不可能を可能に変えます。

**キーワード**

融け合う心／継承／遺伝／魅力／支配／提供／共有／非常に古い記憶／放出／流動／隠されたもの／湖沼／果樹園／庭／葡萄酒／琥珀／茶色／濃い赤／カギつきの箱／ギフト

 **射手座** 冒険の星座          I understand.

**素敵なところ**

冒険心に富む、オープンマインドの人々です。自他に対してごく肯定的で、恐れを知らぬ勇気と明るさで周囲を照らし出します。自分の信じるものに向かってまっすぐに生きる強さを持っています。

**キーワード**

冒険／挑戦／賭け／負けず嫌い／馬や牛など大きな動物／遠い外国／語学／宗教／理想／哲学／おおらかさ／自由／普遍性／スピードの出る乗り物／船／黄色／緑色／ターコイズブルー／グレー

# 山羊座　実現の星座

I use.

**素敵なところ**

夢を現実に変えることのできる人々です。自分個人の世界だけに収まる小さな夢ではなく、世の中を変えるような、大きな夢を叶えることができる力を持っています。優しく力強く、芸術的な人です。

**キーワード**

城を築く／行動力／実現／責任感／守備／権力／支配者／組織／芸術／伝統／骨董品／彫刻／寺院／華やかな色彩／ゴージャス／大きな楽器／黒／焦げ茶色／薄い茜色／深緑

# 水瓶座　思考と自由の星座

I know.

**素敵なところ**

自分の頭でゼロから考えようとする、澄んだ思考の持ち主です。友情に篤く、損得抜きで人と関わろうとする、静かな情熱を秘めています。ユニークなアイデアを実行に移すときは無二の輝きを放ちます。

**キーワード**

自由／友情／公平・平等／時代の流れ／流行／メカニズム／合理性／ユニセックス／神秘的／宇宙／飛行機／通信技術／電気／メタリック／スカイブルー／チェック、ストライプ

# 魚座　透明な心の星座

I believe.

**素敵なところ**

人と人とを分ける境界線を、自由自在に越えていく不思議な力の持ち主です。人の心にするりと入り込み、相手を支え慰めることができます。場や世界を包み込むような大きな心を持っています。

**キーワード**

変容／変身／愛／海／救済／犠牲／崇高／聖なるもの／無制限／変幻自在／天衣無縫／幻想／瞑想／蠱惑／エキゾチック／ミステリアス／シースルー／黎明／白／ターコイズブルー／マリンブルー

# 用語解説

## 星の逆行

　星占いで用いる星々のうち、太陽と月以外の惑星と冥王星は、しばしば「逆行」します。これは、星が実際に軌道を逆走するのではなく、あくまで「地球からそう見える」ということです。

　たとえば同じ方向に向かう特急電車が普通電車を追い抜くとき、相手が後退しているように見えます。「星の逆行」は、この現象に似ています。地球も他の惑星と同様、太陽のまわりをぐるぐる回っています。ゆえに一方がもう一方を追い抜くとき、あるいは太陽の向こう側に回ったときに、相手が「逆走している」ように見えるのです。

　星占いの世界では、星が逆行するとき、その星の担うテーマにおいて停滞や混乱、イレギュラーなことが起こる、と解釈されることが一般的です。ただし、この「イレギュラー」は「不運・望ましくない展開」なのかというと、そうではありません。

　私たちは自分なりの推測や想像に基づいて未来の計画を立て、無意識に期待し、「次に起こること」を待ち受けます。その「待ち受けている」場所に思い通りのボールが飛んでこなかったとき、苛立ちや焦り、不安などを感じます。でも、そのこと自体が「悪いこと」かというと、決してそうではないはずです。なぜなら、人間の推測や想像には、限界があるか

らです。推測通りにならないことと、「不運」はまったく別の
ことです。

　星の逆行時は、私たちの推測や計画と、実際に巡ってくる
未来とが「噛み合いにくい」ときと言えます。ゆえに、現実
に起こる出来事全体が、言わば「ガイド役・導き手」となり
ます。目の前に起こる出来事に導いてもらうような形で先に
進み、いつしか、自分の想像力では辿り着けなかった場所に
「つれていってもらえる」わけです。

　水星の逆行は年に三度ほど、一回につき3週間程度で起こ
ります。金星は約1年半ごと、火星は2年に一度ほど、他の
星は毎年太陽の反対側に回る数ヵ月、それぞれ逆行します。

　たとえば水星逆行時は、以下のようなことが言われます。


　◆失せ物が出てくる／この時期なくしたものはあとで出てくる
　◆ 旧友と再会できる
　◆ 交通、コミュニケーションが混乱する
　◆ 予定の変更、物事の停滞、遅延、やり直しが発生する


　これらは「悪いこと」ではなく、無意識に通り過ぎてしま
った場所に忘れ物を取りに行くような、あるいは、トンネル
を通って山の向こうへ出るような動きです。掛け違えたボタ
ンを外してはめ直すようなことができる時間なのです。

## ボイドタイム─月のボイド・オブ・コース

　ボイドタイムとは、正式には「月のボイド・オブ・コース」となります。実は、月以外の星にもボイドはあるのですが、月のボイドタイムは3日に一度という頻度で巡ってくるので、最も親しみやすい（?）時間と言えます。ボイドタイムの定義は「その星が今いる星座を出るまで、他の星とアスペクト（特別な角度）を結ばない時間帯」です。詳しくは占星術の教科書などをあたってみて下さい。

　月のボイドタイムには、一般に、以下のようなことが言われています。

　◆ 予定していたことが起こらない／想定外のことが起こる
　◆ ボイドタイムに着手したことは無効になる
　◆ 期待通りの結果にならない
　◆ ここでの心配事はあまり意味がない
　◆ 取り越し苦労をしやすい
　◆ 衝動買いをしやすい
　◆ この時間に占いをしても、無効になる。意味がない

　ボイドをとても嫌う人も少なくないのですが、これらをよく見ると、「悪いことが起こる」時間ではなく、「あまりいろいろ気にしなくてもいい時間」と思えないでしょうか。

とはいえ、たとえば大事な手術や面接、会議などがこの時間帯に重なっていると「予定を変更したほうがいいかな？」という気持になる人もいると思います。

　この件では、占い手によっても様々に意見が分かれます。その人の人生観や世界観によって、解釈が変わり得る要素だと思います。

　以下は私の意見なのですが、大事な予定があって、そこにボイドや逆行が重なっていても、私自身はまったく気にしません。

　では、ボイドタイムは何の役に立つのでしょうか。一番役に立つのは「ボイドの終わる時間」です。ボイド終了時間は、星が星座から星座へ、ハウスからハウスへ移動する瞬間です。つまり、ここから新しい時間が始まるのです。

　たとえば、何かうまくいかないことがあったなら、「365日のカレンダー」を見て、ボイドタイムを確認します。もしボイドだったら、ボイド終了後に、物事が好転するかもしれません。待っているものが来るかもしれません。辛い待ち時間や気持ちの落ち込んだ時間は、決して「永遠」ではないのです。

## 月齢について

　本書では月の位置している星座から、自分にとっての「ハウス」を読み取り、毎日の「月のテーマ」を紹介しています。ですが月にはもう一つの「時計」としての機能があります。それは、「満ち欠け」です。

　月は1ヵ月弱のサイクルで満ち欠けを繰り返します。夕方に月がふと目に入るのは、新月から満月へと月が膨らんでいく時間です。満月から新月へと月が欠けていく時間は、月が夜遅くから明け方でないと姿を現さなくなります。

　夕方に月が見える・膨らんでいく時間は「明るい月の時間」で、物事も発展的に成長・拡大していくと考えられています。一方、月がなかなか出てこない・欠けていく時間は「暗い月の時間」で、物事が縮小・凝縮していく時間となります。

　これらのことはもちろん、科学的な裏付けがあるわけではなく、あくまで「古くからの言い伝え」に近いものです。

　新月と満月のサイクルは「時間の死と再生のサイクル」です。このサイクルは、植物が繁茂しては枯れ、種によって子孫を残す、というイメージに重なります。「死」は本当の「死」ではなく、種や球根が一見眠っているように見える、その状態を意味します。

　そんな月の時間のイメージを、図にしてみました。

**【新月】**
種蒔き

芽が出る、新しいことを始める、目標を決める、新品を下ろす、髪を切る、悪癖をやめる、コスメなど、古いものを新しいものに替える

**【上弦】**
成長

勢い良く成長していく、物事を付け加える、増やす、広げる、決定していく、少し一本調子になりがち

**【満月】**
開花、
結実

達成、到達、充実、種の拡散、実を収穫する、人間関係の拡大、ロングスパンでの計画、このタイミングにゴールや〆切りを設定しておく

**【下弦】**
貯蔵、
配分

加工、貯蔵、未来を見越した作業、不要品の処分、故障したものの修理、古物の再利用を考える、蒔くべき種の選別、ダイエット開始、新月の直前、材木を切り出す

**【新月】**
次の
種蒔き

新しい始まり、仕切り直し、軌道修正、過去とは違った選択、変更

以下、月のフェーズを六つに分けて説明してみます。

### ● 新月　New moon

「スタート」です。時間がリセットされ、新しい時間が始まる！というイメージのタイミングです。この日を境に悩みや迷いから抜け出せる人も多いようです。とはいえ新月の当日は、気持ちが少し不安定になる、という人もいるようです。細い針のような月が姿を現す頃には、フレッシュで爽やかな気持ちになれるはずです。日食は「特別な新月」で、1年に二度ほど起こります。ロングスパンでの「始まり」のときです。

### ◐ 三日月〜 ◑ 上弦の月　Waxing crescent - First quarter moon

ほっそりした月が半月に向かうに従って、春の草花が生き生きと繁茂するように、物事が勢い良く成長・拡大していきます。大きく育てたいものをどんどん仕込んでいけるときです。

### ◑ 十三夜月〜小望月（こもちづき）　Waxing gibbous moon

少量の水より、大量の水を運ぶときのほうが慎重さを必要とします。それにも似て、この時期は物事が「完成形」に近づき、細かい目配りや粘り強さ、慎重さが必要になるようです。一歩一歩確かめながら、満月というゴールに向かいます。

## ○ 満月　Full moon

新月からおよそ2週間、物事がピークに達するタイミングです。文字通り「満ちる」ときで、「満を持して」実行に移せることもあるでしょう。大事なイベントが満月の日に計画されている、ということもよくあります。意識してそうしたのでなくとも、関係者の予定を繰り合わせたところ、自然と満月前後に物事のゴールが置かれることがあるのです。

月食は「特別な満月」で、半年から1年といったロングスパンでの「到達点」です。長期的なプロセスにおける「折り返し地点」のような出来事が起こりやすいときです。

## ◑ 十六夜の月～寝待月　Waning gibbous moon

樹木の苗や球根を植えたい時期です。時間をかけて育てていくようなテーマが、ここでスタートさせやすいのです。また、細くなっていく月に擬えて、ダイエットを始めるのにも良い、とも言われます。植物が種をできるだけ広くまき散らそうとするように、人間関係が広がるのもこの時期です。

## ◑ 下弦の月～ ● 二十六夜月　Last quarter - Waning crescent moon

秋から冬に球根が力を蓄えるように、ここでは「成熟」がテーマとなります。物事を手の中にしっかり掌握し、力をためつつ「次」を見据えてゆっくり動くときです。いたずらに物珍しいことに踊らされない、どっしりした姿勢が似合います。

## ◆ 太陽星座早見表　牡牛座
（1930〜2025年／日本時間）

太陽が牡牛座に滞在する時間帯を下記の表にまとめました。
これより前は牡羊座、これより後は双子座ということになります。

| 生まれた年 | 期　間 | | 生まれた年 | 期　間 |
|---|---|---|---|---|
| 1930 | 4/21　5:06　〜　5/22　4:41 | | 1954 | 4/21　0:20　〜　5/21　23:46 |
| 1931 | 4/21　10:40　〜　5/22　10:14 | | 1955 | 4/21　5:58　〜　5/22　5:23 |
| 1932 | 4/20　16:28　〜　5/21　16:06 | | 1956 | 4/20　11:43　〜　5/21　11:12 |
| 1933 | 4/20　22:18　〜　5/21　21:56 | | 1957 | 4/20　17:41　〜　5/21　17:09 |
| 1934 | 4/21　4:00　〜　5/22　3:34 | | 1958 | 4/20　23:27　〜　5/21　22:50 |
| 1935 | 4/21　9:50　〜　5/22　9:24 | | 1959 | 4/21　5:17　〜　5/22　4:41 |
| 1936 | 4/20　15:31　〜　5/21　15:06 | | 1960 | 4/20　11:06　〜　5/21　10:33 |
| 1937 | 4/20　21:19　〜　5/21　20:56 | | 1961 | 4/20　16:55　〜　5/21　16:21 |
| 1938 | 4/21　3:15　〜　5/22　2:49 | | 1962 | 4/20　22:51　〜　5/21　22:16 |
| 1939 | 4/21　8:55　〜　5/22　8:26 | | 1963 | 4/21　4:36　〜　5/22　3:57 |
| 1940 | 4/20　14:51　〜　5/21　14:22 | | 1964 | 4/20　10:27　〜　5/21　9:49 |
| 1941 | 4/20　20:50　〜　5/21　20:22 | | 1965 | 4/20　16:26　〜　5/21　15:49 |
| 1942 | 4/21　2:39　〜　5/22　2:08 | | 1966 | 4/20　22:12　〜　5/21　21:31 |
| 1943 | 4/21　8:32　〜　5/22　8:02 | | 1967 | 4/21　3:55　〜　5/22　3:17 |
| 1944 | 4/20　14:18　〜　5/21　13:50 | | 1968 | 4/20　9:41　〜　5/21　9:05 |
| 1945 | 4/20　20:07　〜　5/21　19:39 | | 1969 | 4/20　15:27　〜　5/21　14:49 |
| 1946 | 4/21　2:02　〜　5/22　1:33 | | 1970 | 4/20　21:15　〜　5/21　20:36 |
| 1947 | 4/21　7:39　〜　5/22　7:08 | | 1971 | 4/21　2:54　〜　5/22　2:14 |
| 1948 | 4/20　13:25　〜　5/21　12:57 | | 1972 | 4/20　8:37　〜　5/21　7:59 |
| 1949 | 4/20　19:17　〜　5/21　18:50 | | 1973 | 4/20　14:30　〜　5/21　13:53 |
| 1950 | 4/21　0:59　〜　5/22　0:26 | | 1974 | 4/20　20:19　〜　5/21　19:35 |
| 1951 | 4/21　6:48　〜　5/22　6:14 | | 1975 | 4/21　2:07　〜　5/22　1:23 |
| 1952 | 4/20　12:37　〜　5/21　12:03 | | 1976 | 4/20　8:03　〜　5/21　7:20 |
| 1953 | 4/20　18:25　〜　5/21　17:52 | | 1977 | 4/20　13:57　〜　5/21　13:13 |

| 生まれた年 | 期 間 |
|---|---|
| 1978 | 4/20 19:50 ~ 5/21 19:07 |
| 1979 | 4/21 1:35 ~ 5/22 0:53 |
| 1980 | 4/20 7:23 ~ 5/21 6:41 |
| 1981 | 4/20 13:19 ~ 5/21 12:38 |
| 1982 | 4/20 19:07 ~ 5/21 18:22 |
| 1983 | 4/21 0:50 ~ 5/22 0:05 |
| 1984 | 4/20 6:38 ~ 5/21 5:57 |
| 1985 | 4/20 12:26 ~ 5/21 11:42 |
| 1986 | 4/20 18:12 ~ 5/21 17:27 |
| 1987 | 4/20 23:58 ~ 5/21 23:09 |
| 1988 | 4/20 5:45 ~ 5/21 4:56 |
| 1989 | 4/20 11:39 ~ 5/21 10:53 |
| 1990 | 4/20 17:27 ~ 5/21 16:36 |
| 1991 | 4/20 23:08 ~ 5/21 22:19 |
| 1992 | 4/20 4:57 ~ 5/21 4:11 |
| 1993 | 4/20 10:49 ~ 5/21 10:01 |
| 1994 | 4/20 16:36 ~ 5/21 15:47 |
| 1995 | 4/20 22:21 ~ 5/21 21:33 |
| 1996 | 4/20 4:10 ~ 5/21 3:22 |
| 1997 | 4/20 10:03 ~ 5/21 9:17 |
| 1998 | 4/20 15:57 ~ 5/21 15:04 |
| 1999 | 4/20 21:46 ~ 5/21 20:51 |
| 2000 | 4/20 3:39 ~ 5/21 2:48 |
| 2001 | 4/20 9:37 ~ 5/21 8:44 |

| 生まれた年 | 期 間 |
|---|---|
| 2002 | 4/20 15:22 ~ 5/21 14:29 |
| 2003 | 4/20 21:04 ~ 5/21 20:12 |
| 2004 | 4/20 2:51 ~ 5/21 1:59 |
| 2005 | 4/20 8:38 ~ 5/21 7:47 |
| 2006 | 4/20 14:27 ~ 5/21 13:32 |
| 2007 | 4/20 20:08 ~ 5/21 19:12 |
| 2008 | 4/20 1:52 ~ 5/21 1:01 |
| 2009 | 4/20 7:45 ~ 5/21 6:51 |
| 2010 | 4/20 13:31 ~ 5/21 12:34 |
| 2011 | 4/20 19:19 ~ 5/21 18:21 |
| 2012 | 4/20 1:13 ~ 5/21 0:16 |
| 2013 | 4/20 7:04 ~ 5/21 6:10 |
| 2014 | 4/20 12:57 ~ 5/21 11:59 |
| 2015 | 4/20 18:43 ~ 5/21 17:45 |
| 2016 | 4/20 0:31 ~ 5/20 23:37 |
| 2017 | 4/20 6:28 ~ 5/21 5:31 |
| 2018 | 4/20 12:14 ~ 5/21 11:15 |
| 2019 | 4/20 17:56 ~ 5/21 16:59 |
| 2020 | 4/19 23:47 ~ 5/20 22:49 |
| 2021 | 4/20 5:35 ~ 5/21 4:37 |
| 2022 | 4/20 11:25 ~ 5/21 10:22 |
| 2023 | 4/20 17:14 ~ 5/21 16:08 |
| 2024 | 4/19 23:00 ~ 5/20 21:59 |
| 2025 | 4/20 4:56 ~ 5/21 3:54 |

## おわりに

　これを書いているのは2022年8月なのですが、日本では新型コロナウイルスが「第7波」がピークを迎え、身近にもたくさんの人が感染するのを目の当たりにしています。2020年頃から世界を覆い始めた「コロナ禍」はなかなか収束の出口が見えないまま、多くの人を飲み込み続けています。今や世の中は「コロナ」に慣れ、意識の外側に置こうとしつつあるかのようにも見えます。

　2020年は土星と木星が同時に水瓶座入りした年で、星占い的には「グレート・コンジャンクション」「ミューテーション」など、時代の節目の時間として大いに話題になりました。2023年はその土星が水瓶座を「出て行く」年です。水瓶座は「風の星座」であり、ごく広い意味では「風邪」のような病気であった（症状は命に関わる酷いもので、単なる風邪などとはとても言えませんが！）COVID-19が、ここで土星と一緒に「退場」してくれれば！と、心から願っています。

　年次版の文庫サイズ『星栞』は、本書でシリーズ4作目となりました。表紙イラストのモチーフ「スイーツ」は、

2023年5月に木星が牡牛座に入ること、金星が獅子座に長期滞在することから、選んでみました。牡牛座は「おいしいもの」と関係が深い星座で、獅子座は華やかさ、表現力の世界です。美味しくて華やかなのは「お菓子！」だと思ったのです。また、「コロナ禍」が続く中で多くの人が心身に重大な疲労を蓄積し、自分で思うよりもずっと大きな苦悩を抱えていることも意識にありました。「甘いモノが欲しくなる時は、疲れている時だ」と言われます。かつて私も、猛烈なストレスを耐えて生きていた頃、毎日スーパーでちいさなフロランタンを買い、仕事帰りに齧（かじ）っていました。何の理性的根拠もない「占い」ですが、時に人の心に希望をもたらす「溺れる者の藁（わら）」となることもあります。2023年、本書が読者の方の心に、小さな甘いキャンディのように響くことがあれば、と祈っています。

星栞 2023年の星占い
牡牛座

2022年9月30日　第1刷発行

著者　石井ゆかり

発行人　石原正康
発行元　株式会社 幻冬舎コミックス
　　　　〒151-0051　東京都渋谷区千駄ヶ谷4-9-7
　　　　電話 03-5411-6431（編集）
発売元　株式会社 幻冬舎
　　　　〒151-0051　東京都渋谷区千駄ヶ谷4-9-7
　　　　電話 03-5411-6222（営業）
　　　　振替 00120-8-767643

印刷・製本所：株式会社 光邦
デザイン：竹田麻衣子（Lim）
DTP：株式会社 森の印刷屋、安居大輔（Dデザイン）
STAFF：齋藤至代（幻冬舎コミックス）、
　　　　佐藤映湖・滝澤 航（オーキャン）、三森定史
装画：砂糖ゆき